我们一起解决问题

新生代团队管理

用好"90后"，赋能"00后"

（全图解落地版）

盛巍 著

人民邮电出版社

北京

图书在版编目（CIP）数据

新生代团队管理：用好"90后"，赋能"00后"：全图解落地版 / 盛巍著. -- 北京：人民邮电出版社，2022.1
ISBN 978-7-115-58189-1

Ⅰ．①新… Ⅱ．①盛… Ⅲ．①团队管理 Ⅳ．①C936

中国版本图书馆CIP数据核字(2021)第250774号

内 容 提 要

随着"00后"正式步入职场，由"90后""00后"组成的新生代团队将逐渐成为职场主力军。他们具有独立的价值观、崇尚自由、兴趣广泛、可塑性强，能够为团队注入新的活力。但是，代际差异可能会导致传统管理方式的"失灵"，会使管理冲突频发。如何用好"90后"、赋能"00后"，成为新生代团队管理者面临的新挑战。

本书从认知心理、赋能领导力、团队建设、高效沟通、柔性管理、绩效提升、有效激励、聚人留人8个方面，分析了新生代团队管理者在实际管理过程中经常遇到的问题，并提供了切实有效的应对策略。

本书采用全图解形式，通俗易懂，方便阅读，具有很强的针对性和实操性，尤其适合新生代团队管理者、创业者、各级人力资源管理者、管理类相关专业学生及对团队管理感兴趣的人员阅读、使用。

◆ 著 盛 巍
责任编辑 陈斯雯
责任印制 胡 南

◆ 人民邮电出版社出版发行　北京市丰台区成寿寺路 11 号
邮编 100164　电子邮件 315@ptpress.com.cn
网址 https://www.ptpress.com.cn
三河市中晟雅豪印务有限公司印刷

◆ 开本：700×1000　1/16
印张：15　　　　　　　　　2022 年 1 月第 1 版
字数：150 千字　　　　　　2022 年 1 月河北第 1 次印刷

定　价：69.00 元

读者服务热线：（010）81055656　印装质量热线：（010）81055316
反盗版热线：（010）81055315
广告经营许可证：京东市监广登字 20170147 号

随着"00后"正式步入职场，由"90后""00后"组成的新生代团队将逐渐成为职场主力军。他们具有独立的价值观、崇尚自由、兴趣广泛、可塑性强，能够为团队注入新的活力。但是，代际差异可能会导致传统管理方式的"失灵"，使管理冲突频发。例如，一些新生代员工对工作缺乏耐心，上班玩游戏，对管理者的命令不服气，抱怨开会形式化，不愿主动加班，回避与管理者沟通，频繁要求升职加薪，甚至频繁跳槽。不少管理者感叹：新生代团队管理难、沟通难、指导难、激励难……

新生代员工为什么难管理

这主要与新生代员工的价值观、性格特征、成长背景等相关。新生代员工追求个人价值的实现，重视工作中的愉悦感，没有强烈的等级观念，不惧怕权威，不喜欢约束。事实上，新生代员工并不"难管"，他们拥有相对优秀的教育背景和专业知识，思维活跃，勇于创新，这些都是有助于提高团队业绩的关键因素。管理者必须掌握带领新生代团队的"秘籍"，充分认识他们的优势与不足，因势利导，有效化解管理冲突，才能把团队带好。

如何高效管理新生代团队

为了能够更好地为管理者提供新生代员工的管理之道，本书分析了新生代员工的性格特征和他们在职场中的表现，从心理学和管理学两个维度探讨了如何有效管理新生代员工，并从认知心理、赋能领导力、团队建设、高效沟通、柔性管理、绩效提升、有效激励、聚人留人8个方面提出了切实有效的应对策略。

本书分为8章，包含54个小节，各个小节以问题、对策、方法为主线展开，全面介绍了新生代团队管理的具体方法。

第一部分【管理问题】：以情景对话的形式展现管理难题，帮助管理者认识新生代员工的心理。

第二部分【管理对策】：以心理学和管理学的相关理论为指导，帮助管理者找到解决问题的对策。

第三部分【实践指导】：以图表形式为管理者提供拿来即用的管理措施，具有极强的实践性。

本书采用全图解形式，通俗易懂，方便阅读，具有很强的针对性和实操性，尤其适合新生代团队管理者、创业者、各级人力资源管理者、管理类相关专业学生及对团队管理感兴趣的人员阅读、使用。

目　录

第 1 章

认知心理

扫码收听　团队管理精品课程

表扬与批评

1.1　工作动机

1.1.1　薪资福利

管理问题

员工张嘴就谈钱

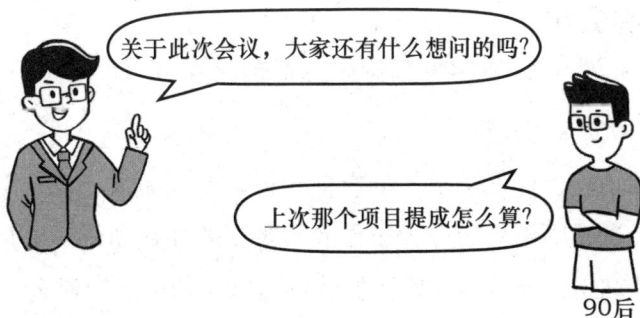

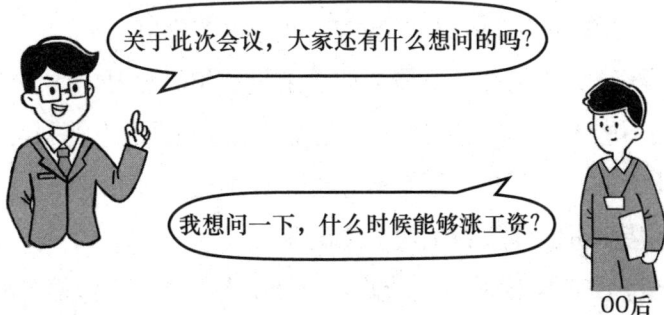

问题解析

　　"90后"员工中的一些人已经成家，开始面临着"上有老下有小"的生活压力，薪酬是支撑生活的重要保障。对"00后"员工来说，薪酬不仅仅是自己的劳动所得，在一定程度上也代表着他们自身的职业发展前景，代表着企业对他们能力的认同，因此他们也会看重"钱"。

管理对策

完善薪酬激励机制

　　薪酬有两大重要功能。

　　一是保障功能，即保障员工的衣食住行、安全需求、社交需要等，在很大程度上，这是吸引员工努力工作的最重要的外在动机，也是让员工能够相对稳定地在工作岗位上为团队持续创造价值的重要因素之一。

　　二是激励功能，表现在企业通过设置具有吸引力的薪酬，调动员工的工作积极性，激励员工充分发挥潜力，创造更多价值。

　　如果薪酬缺乏激励性，可能会使员工过于担心自己的收入，产生"管理者怎么还不涨工资""上次的项目提成怎么没动静了""一年工作下来就拿这么点儿工资，真不想干了"等想法，这会极大地影响新生代员工的工作积极性，甚至可能导致新生代员工离职。

　　薪酬既包括基本工资、年终奖金、绩效奖金等，又包括各种福利，如节日礼金、慰问品等。管理者要想更好地激励新生代员工，就要充分发挥出"钱"的价值，完善薪酬激励机制。

采用"固定薪酬+浮动薪酬+短期薪酬+长期薪酬"的激励模式。

例如，基层员工的薪酬可以采用"固定薪酬+浮动薪酬+短期薪酬"的模式，其中，固定薪酬的比例较高，浮动薪酬的比例相对较低。

不同岗位的薪酬激励模式不同。

通常情况下，对企业的利润、销售额、战略目标实现影响越大的岗位，其浮动薪酬所占的比例应该越大，即多劳多得；与最终业绩不直接相关的岗位，其浮动薪酬所占的比例应该较小。

加强福利激励机制建设。

福利激励机制包括给员工颁发奖金、奖品，组织员工旅游，为员工举办生日宴会，组织员工培训，实行弹性制工作时间等。

实践指导

薪酬福利体系设计的方向

薪酬福利体系设计，管理者可参考以下方向（如图 1-1 所示）。

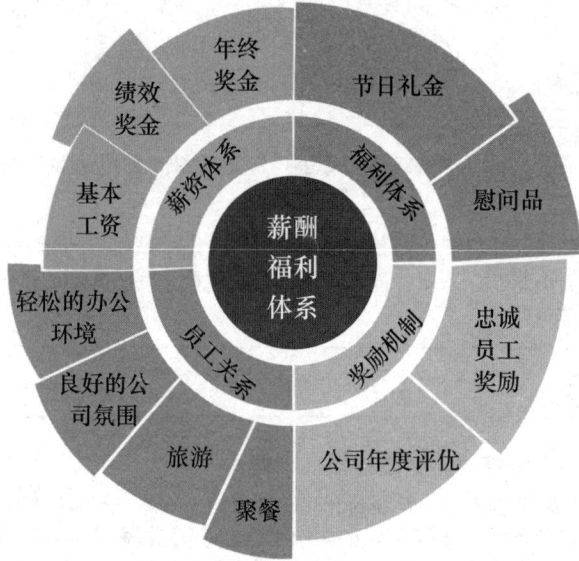

图 1-1　薪酬福利体系设计的方向

1.1.2　渴望尊重

管理问题

只是批评几句，员工就要离职

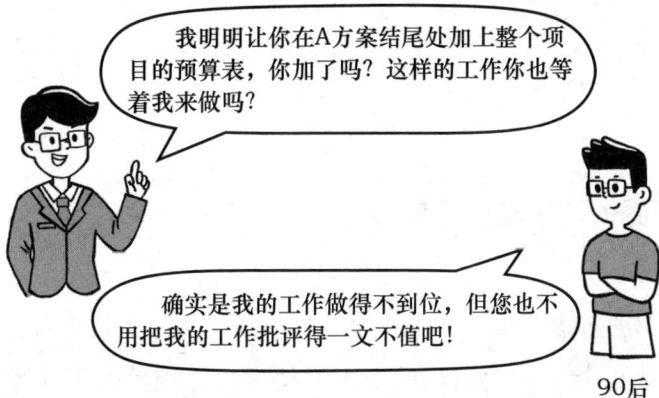

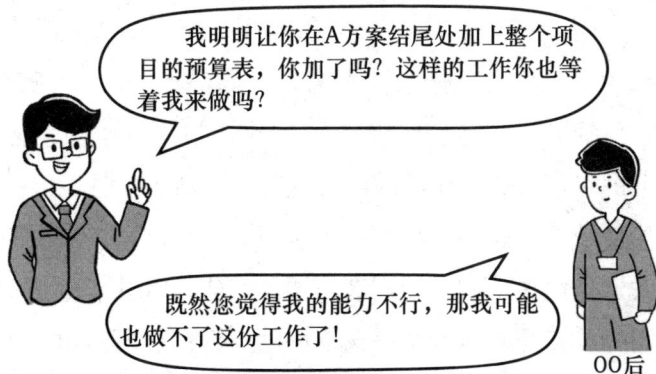

我明明让你在A方案结尾处加上整个项目的预算表，你加了吗？这样的工作你也等着我来做吗？

确实是我的工作做得不到位，但您也不用把我的工作批评得一文不值吧！

90后

我明明让你在A方案结尾处加上整个项目的预算表，你加了吗？这样的工作你也等着我来做吗？

既然您觉得我的能力不行，那我可能也做不了这份工作了！

00后

问题解析

　　新生代员工自尊心较强，渴望得到管理者的尊重。在实际工作中，如果管理者不假思索地对他们做出一些负面评价，很可能激起新生代员工的抵触情绪，导致他们消极对待工作，绩效越来越差，甚至使新生代员工离职。因此，管理者在与新生代员工沟通时，要考虑他们的自尊心，委婉地表达负面意见。这一点不仅能用在与员工的沟通中，也能用在日常沟通的方方面面。

管理对策

尽量使用正面的、积极的语言

　　每个人都渴望被尊重。在工作中，如果新生代员工认为自己没有得到基本的尊重，可能会采用消极的态度对待工作。因此，管理者在与新生代员工沟通时，要尽量使用正面的、积极的语言，少用负面的、消极的语言。

　　例如，相较于"你这工作怎么做的，一点都不到位"，管理者可以这么说："你可以在结尾的部分再完善一下，这样整体内容会呈现得更好！"从沟通效果上讲，正面的、积极的评价更容易让新生代员工接受。

　　当然，尽量给予正面的、积极的评价，并不意味着管理者不能批评员工。对员工做出负面评价时，管理者需要注意表达方式。根据批评心理学的理论，人们容易接受夹在两个表扬之中的批评。管理者可以先肯定员工的付出和优点，然后再表达一些有建设性的批评，最后再次肯定员工的积极表现。例如，管理者可以这样说："你的能力很不错，业绩也很好。如果你能改掉拖延的小问题，相信你的业绩将会更好！"这样的反馈更易于被新生代员工接受。

使用"三明治"反馈法。

先认同、赞赏员工的优点，然后提出建议、批评或不同观点，最后再次表达对员工的鼓励、信任和支持。

多使用友好的、积极的表达，少使用负面的、消极的、绝对化的表达。

例如，在沟通中，管理者应尽量避免使用"你向来……""你一直……""你都是……"等表达方式。

批评不能带有人身攻击。

例如，"你怎么这么笨，脑子怎么长的，这点小事也会出错"，这样的批评就是不合适的。

实践指导

"三明治"反馈法

管理者批评新生代员工时，可以使用"三明治"反馈法（如图 1-2

所示 ）。

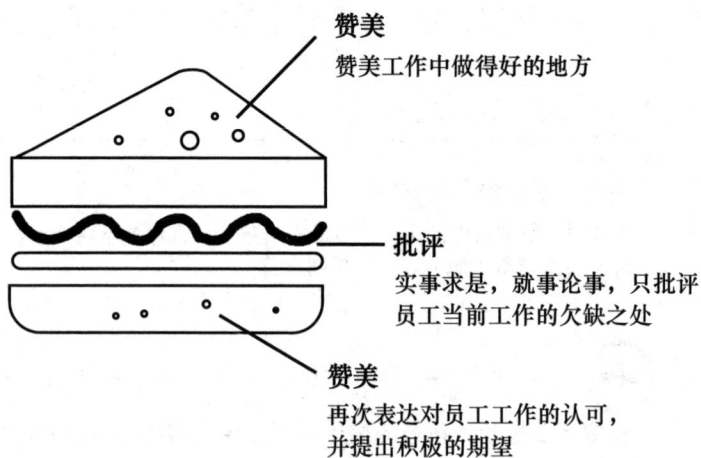

赞美
赞美工作中做得好的地方

批评
实事求是，就事论事，只批评
员工当前工作的欠缺之处

赞美
再次表达对员工工作的认可，
并提出积极的期望

图 1-2 "三明治"反馈法

1.1.3　个人发展

管理问题

员工说"在公司看不到未来"

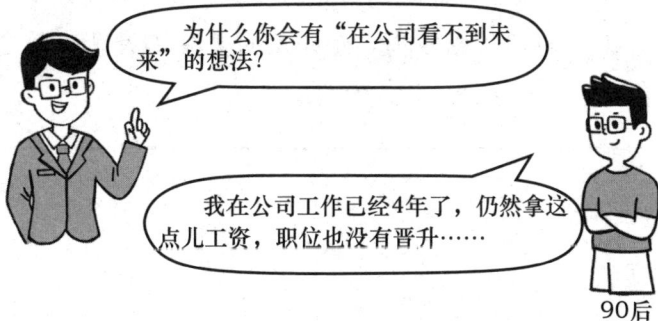

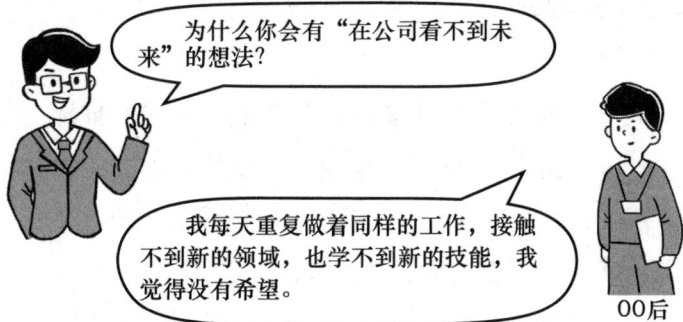

为什么你会有"在公司看不到未来"的想法？

我在公司工作已经4年了，仍然拿这点儿工资，职位也没有晋升……

90后

为什么你会有"在公司看不到未来"的想法？

我每天重复做着同样的工作，接触不到新的领域，也学不到新的技能，我觉得没有希望。

00后

问题解析

在工作一段时间后，如果新生代员工发现工资没有变化、职位也没有晋升，或者每天重复同样的工作，个人能力得不到提升，就会产生"在公司看不到未来"的想法。

一般来说，新生代员工的文化教育水平相对较高，有强烈的实现自我价值的愿望，对自身也有较为清晰的认知。他们热衷从事自己感兴趣的工作，也愿意接受富有挑战性的任务，渴望在工作中得到成长和进步。因此，新生代员工十分看重未来职业发展前景，对工资的期待也较高。如果公司无法满足他们的这些期待，他们就会认为这份工作没有前途。

管理对策
制定并传达企业愿景

新生代员工的成就动机普遍较强，即追求更高的目标，享受解决难题、努力奋斗的乐趣，并且渴望实现个人价值。因此，面对新生代员工"在公司看不到未来"这一问题，管理者可以通过制定并传达企业愿景的方式，让新生代员工对未来发展充满信心。

企业愿景是管理者对前景和发展方向做出的高度概括的描述。通俗地说，它就是企业未来期望达到的一种状态，一般由企业的核心理念（核心价值观、核心目的）和对未来的展望（未来 10 ~ 30 年的远大目标及对目标的生动描述）构成。例如，某企业的愿景是"十年内成为本市 ×××

行业的标杆企业"。

明确企业愿景，既能让员工"看到"未来的发展前景，使他们明确努力的方向，鼓舞内部士气，又能给员工带来一定的压力和挑战，激发他们的工作动力。让新生代员工体会到工作的乐趣和意义，他们就会更有目标地去工作。

为企业愿景赋予意义。
明确指出企业发展对社会的意义，以及对团队和员工未来发展的意义。

向所有员工传达企业愿景。
第一种方式：树立典型，例如，表彰一些在某方面做得比较好的员工。
第二种方式：让员工亲身参与制定企业愿景。

实践指导
制定企业愿景的 4 个步骤

制定企业愿景，管理者可参考以下 4 个步骤（如图 1-3 所示）。

- 通知（群通知、邮件通知、公告栏）全体员工召开"制定企业愿景"的会议。

高调宣传并召开会议

01

分类筛选

- 全员参与，每个人都写出自己心目中的企业愿景；
- 按照多轮投票的方式对愿景进行筛选，被选中的愿景的提出者要向全员解释提出该愿景的思路和想法；
- 经过投票，最终选出1~2个得到80%以上员工认可的愿景。

02

- 对选出的愿景进行多轮讨论、反复修改；
- 修改过程中，企业创始人和高层管理人员要全程参与、积极引导，确保企业愿景能够体现出全员的意志。

反复修改

03

最终定稿

- 经过多轮修改后，确定最终的企业愿景，并传达给全体员工。

04

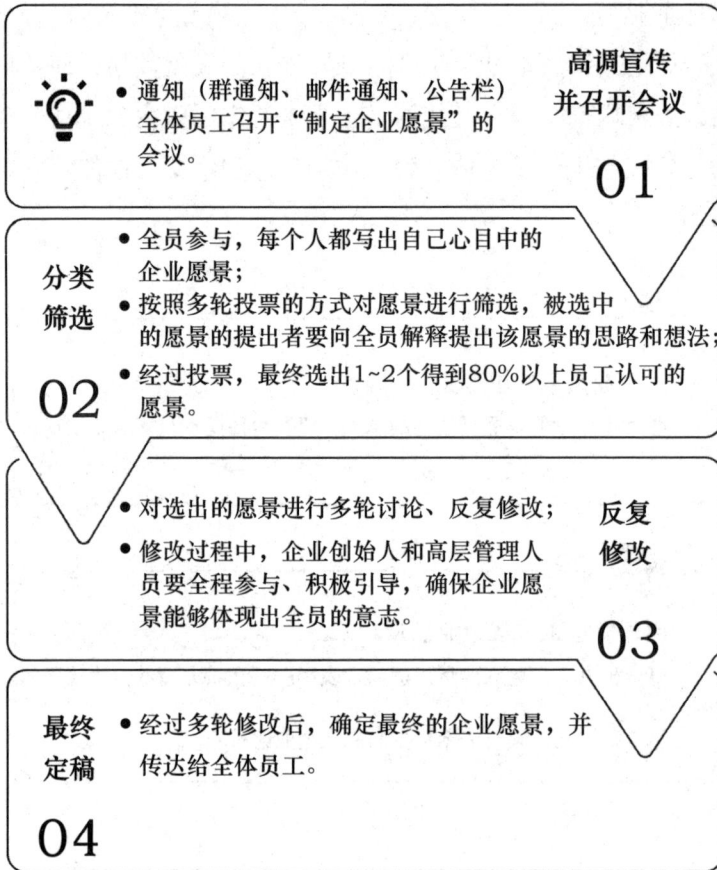

图 1-3　制定企业愿景的 4 个步骤

1.2 价值追求

1.2.1 享受当下

管理问题

因为不想加班，员工拒绝升职

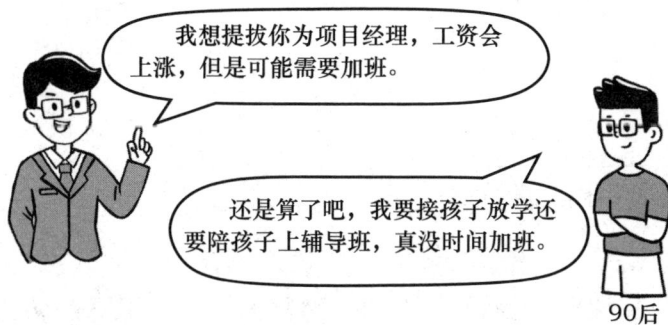

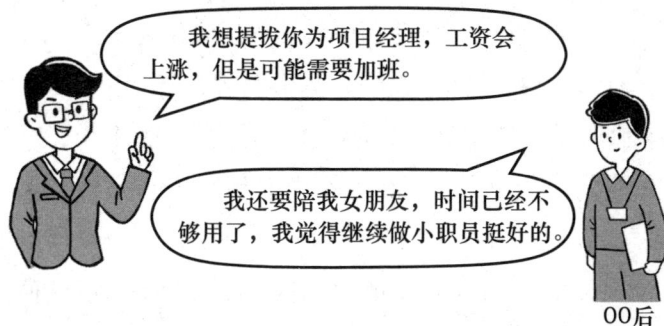

我想提拔你为项目经理，工资会上涨，但是可能需要加班。

还是算了吧，我要接孩子放学还要陪孩子上辅导班，真没时间加班。

90后

我想提拔你为项目经理，工资会上涨，但是可能需要加班。

我还要陪我女朋友，时间已经不够用了，我觉得继续做小职员挺好的。

00后

问题解析

　　新生代员工更忠实自己内心的想法和意愿，更重视工作和家庭的平衡。当管理者提出升职或加薪的激励举措时，一些新生代员工不会立即接受，他们会在慎重考虑工作与家庭的关系之后，再做出抉择。

　　新生代员工不希望自己的生活完全被工作占据，相较于升职加薪，他们更愿意追求丰富、自由的生活。管理者要想改变这一情况，让新生代员工在必要时愿意加班，就要强化工作给员工带来的愉悦体验，让新生代员工"爱上"工作。

管理对策
强化工作过程中的愉悦感

　　心理学家弗洛伊德说："人的一切行为都是为了逃避惩罚和得到快乐。"工作也是如此。"愉悦感"是吸引新生代员工进入工作状态的一个重要途径。但在实际管理中，很多管理者往往忽略了这一点。

　　如果工作让人觉得乏味、无聊，员工就会逃避。相反，如果员工在工作过程中体验到了成就感和愉悦感，他们就会享受工作，"爱上"工作。当他们开始享受工作时，即便在工作中遇到困难与挑战，他们也会迎难而上。

　　一般情况下，员工在工作中的愉悦感主要来源于以下几种途径。

　　第一种是挑战。例如，攻克了有难度的工作，解决了技术难题等，这会让员工体验到自己的工作是有价值的。

第二种是平等、轻松的工作氛围。例如，团队成员之间互相认可、相处融洽，鼓励员工共同协作实现工作目标等。

第三种是及时的正面反馈。例如，管理者对员工的优秀表现进行表扬，帮助员工掌握新技能，指导员工克服工作障碍等，让员工在努力付出的过程中体验到收获的乐趣。

> **以游戏闯关的形式设计岗位，包括岗位说明、岗位考核和晋升机制。**
>
> 例如，根据岗位性质和具体工作的难易程度设置"岗位经验值"和"项目经验值"，并将其与绩效奖金挂钩。

> **准确反馈，解锁"新技能"。**
>
> 例如，管理者可以将新生代员工的工作技能划分为创造力、沟通力、执行力等。然后，根据员工在工作中的表现，记录下员工解锁每项"新技能"的具体进度，并及时进行统计和反馈，让员工看见自己的进步。

实践指导

提升员工工作愉悦感的 5 个技巧

提升员工工作愉悦感，管理者可参考以下 5 个技巧（如图 1-4 所示）。

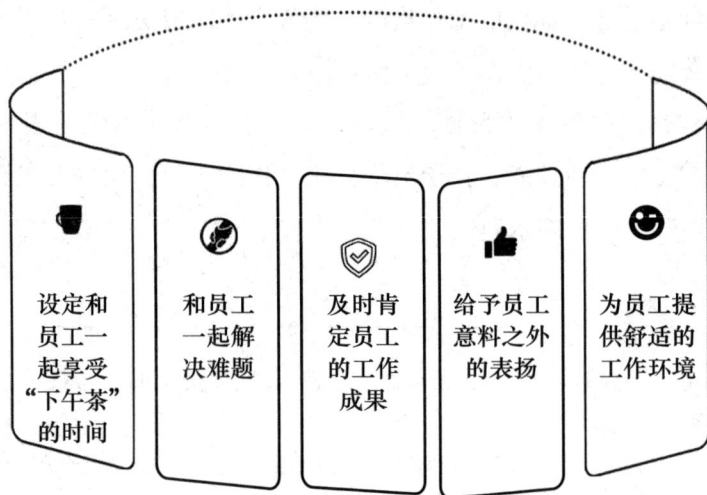

图 1-4　提升员工工作愉悦感的 5 个技巧

1.2.2　获得成就

管理问题

刚入职半年的员工混成了"老油条"

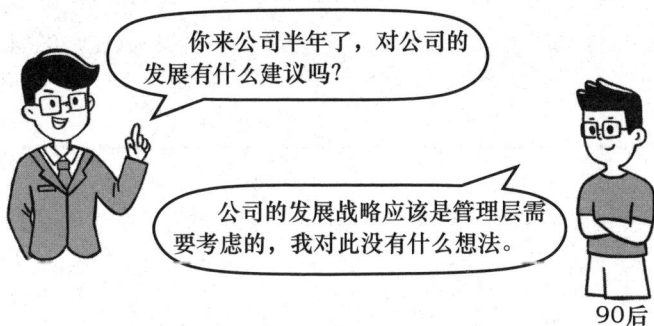

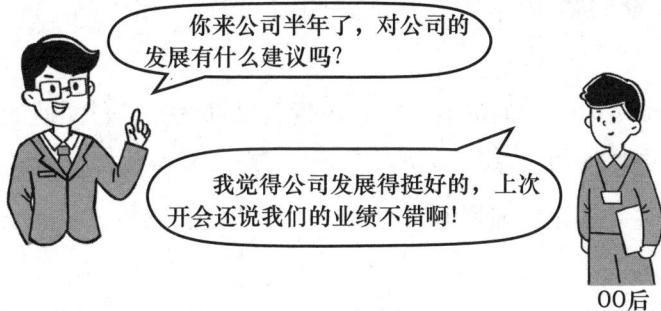

你来公司半年了，对公司的发展有什么建议吗？

公司的发展战略应该是管理层需要考虑的，我对此没有什么想法。

90后

你来公司半年了，对公司的发展有什么建议吗？

我觉得公司发展得挺好的，上次开会还说我们的业绩不错啊！

00后

问题解析

表面上，一些新生代员工不愿意参与到公司的管理事务中，甚至通过说"场面话"的圆滑方式应对管理者的询问。他们看起来缺乏责任感，觉得公司的发展与自己没有关系，自己既不是管理者也不是合伙人，只是一个普通的打工者。

事实上，新生代员工渴望承担更多的责任，也希望在工作中获得成就感，实现自己的理想抱负。但在实际工作中，管理者没有给予他们这样的机会，所以他们不得不"置身事外"。因此，管理者在与新生代员工相处时，要尝试赋予他们责任，并让其参与决策。

管理对策

赋予责任，参与决策

新生代员工成为"老油条"主要体现为推卸责任，对团队的事务漠不关心，只愿意耕好自己的"一亩三分地"。管理者在与有这类心态的新生代员工相处时，首先要理解他们的立场，弄清他们成为"老油条"背后的深层原因。

大部分新生代员工在刚加入团队时，都对工作充满热情，愿意为团队的发展积极献策，十分关心团队的未来。但是，如果管理者不重视他们的意见，不认真采纳他们的建议，没有真正关心他们内心的想法，就会使他们逐渐丧失责任心，向"老油条"转变，不再提出自己的想法和建议。

几乎每一个员工都有成就动机，这一动机会驱动他们在工作上不断追求进步。新生代员工渴望实现自我价值，渴望得到团队的认可，追求成就感。管理者可以通过赋予责任的方式，让他们参与公司决策，培养新生代员工的主人翁意识。对团队事务"参与"得越多，他们越容易对团队产生责任感，进而更加积极地去工作。

转换角色，成为信任者、授权者。

例如，管理者让员工自主选择工作任务；让员工成为小团队的领头人或项目的负责人，赋予他们责任。

让员工觉得自己很重要。

例如，采纳员工的建议和意见，甚至将员工的建设性意见纳入企业的管理制度。

让员工参与企业决策。

例如，邀请员工参加重大会议，并请员工发表意见和建议。

实践指导
有效识别 4 类"老油条"员工

"老油条"员工具体可分为以下 4 类（如图 1-5 所示）。

推卸责任型员工

自我感觉良好，不反思自身存在的问题，把责任归为外在环境与他人。

阳奉阴违型员工

表面上积极努力、尊重领导和同事，私下里却对领导和同事心存不满。

斤斤计较型员工

缺乏奉献精神，涉及自己的利益时锱铢必较。

拉"小团伙"型员工

经营"小团伙"，追求"小团伙"利益，抵制对自身不利的新规定、新计划等。

图1-5 有效识别4类"老油条"员工

第 2 章

赋能领导力

扫码收听　团队管理精品课程

管理者的角色认知

2.1 淡化权威

2.1.1 放下"端"和"装"

管理问题

找员工谈话被拒绝

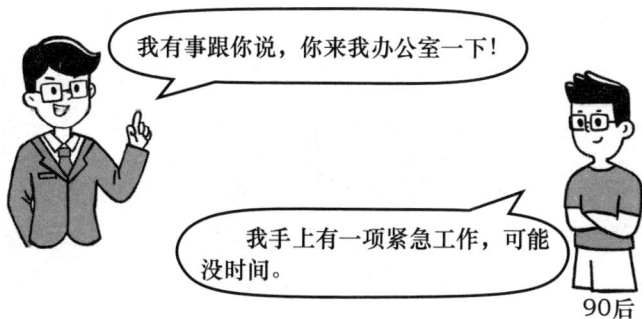

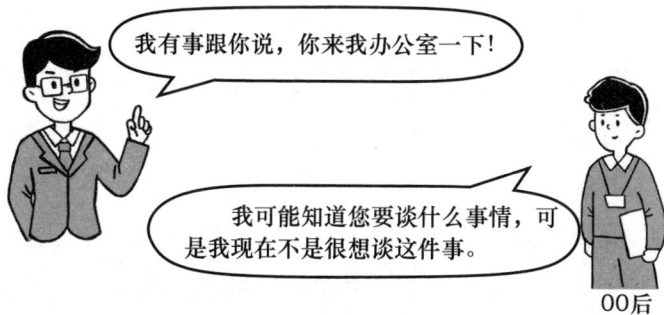

问题解析

　　一些新生代员工会拒绝管理者的谈话要求，主要原因是他们觉得管理者在谈话时往往带着"端"和"装"的态度，摆出一副说教的架子，以过来人的口吻向员工输出自己的观点，却不在乎员工是否愿意听，也不在乎员工的想法。这种过分强调权威的谈话方式，恰恰是新生代员工不喜欢的。

管理对策

放下架子，平等对视

　　新生代员工虽然以一名普通员工的身份入职，但是他们的内心深处认为自己和管理者的地位是平等的。从另一个角度说，新生代员工认为他们入职公司，公司所付的薪酬是为他们的工作成果买单，他们所拿到的薪酬并不包括他们需要忍受管理者高高在上的姿态。

　　如果管理者在新生代员工面前刻意强调自己的领导身份、摆架子，新生代员工可能会产生负面、消极的心理感受，认为"管理者不尊重我，不在乎我的想法"，甚至有可能产生"凭什么他在我面前摆高姿态，我为什么要忍受他"的对抗情绪。

　　在行动上，新生代员工要么拒绝沟通，要么消极对待。例如，不愿意说出心里话，露出不耐烦的表情，着急结束谈话等。

　　因此，管理者在与新生代员工相处时，要淡化权威，放下架子，平等对视，将他们视为一起工作的同事，而不是受制于己的下属。只有放下架子、摆正姿态、平等对视的管理者才能打动新生代员工，赢得他们的追随。

将命令语气改为祈使语气。

例如，管理者可以将"我们谈谈"改为"我可以和你聊聊吗"；将"我想和你谈一谈"改为"你愿意就×××事情，我们坦诚地聊聊吗"；将"我找你有事"改为"你有时间和我谈谈吗"。

说话时多微笑，不能摆出高冷的表情。

管理者越是尊重新生代员工，他在员工心目中的形象就越高大。

忘记"管理者"的身份，把员工当成自己的同事。

不要以"管理者"的身份自居，随时随地把员工当成一起工作的同事。在沟通中，尽量少说"我"和"你"，多说"我们"和"咱们"，让员工感到管理者是和自己站在一起的。

实践指导

邀请员工沟通的正确步骤

邀请员工沟通，管理者可参考以下步骤（如图 2-1 所示）。

"好的，等你忙完了来找我一下！"
"没事，下次你想聊的时候，我们再好好聊聊！"

员工工作繁忙或者不愿意面谈

"现在有时间聊聊吗？"
"今天下午3点你方便和我沟通一下×××吗？"

员工不忙，且愿意面谈

确认员工是否有空　　管理者可与员工确定面谈时间、地点和主题

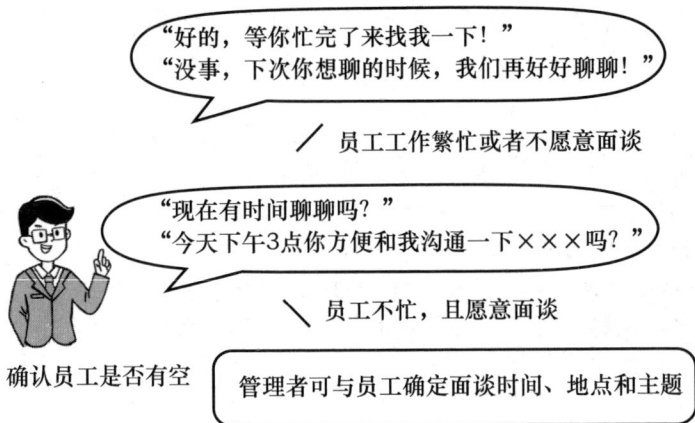

图 2-1　邀请员工沟通的正确步骤

2.1.2 弱化上下级关系

管理问题

被员工当众顶撞

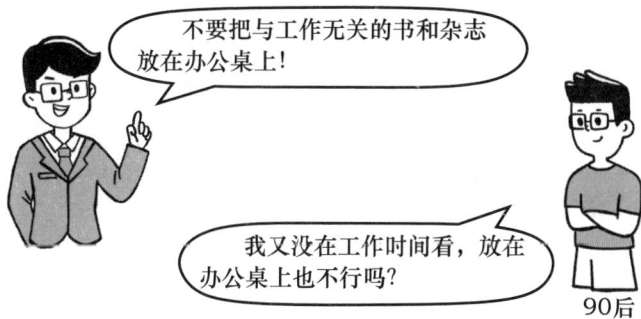

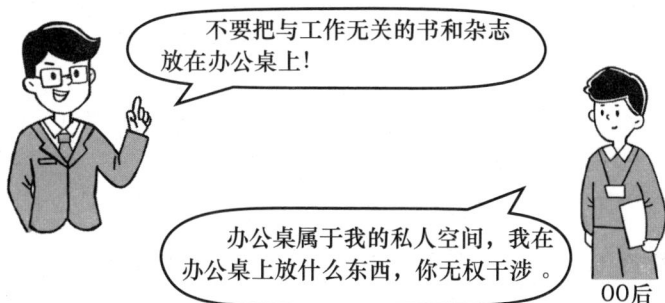

问题解析

当管理者摆出高高在上的领导姿态时，新生代员工往往会产生较强的抗拒心理，甚至做出当众顶撞管理者的行为。

"90后"员工强调自己上班时间"没看"，言下之意是"办公桌上放这些东西并没有影响我的工作"，他们注重的是管理者是否"看到"自己的价值；"00后"员工强调"办公桌属于我的私人空间"，表明他们注重管理者是否尊重自己的自主权和隐私权。

管理对策

先解决冲突，再考虑面子

被新生代员工当众顶撞时，管理者会觉得面子挂不住，进而利用权威打压他们，导致双方的矛盾进一步升级。其实，新生代员工往往是想向管理者表达自己的想法和意见，因为过于直接、坦率，而被管理者视为"顶撞"。

从社会心理学的角度来看，产生冲突的原因是双方价值观不同。管理者和新生代员工因社会背景、教育经历、身份立场等不同，形成了各自的性格特征和行为方式，所以在沟通时容易产生冲突。有时候，新生代员工可能只是站在自己的角度表达诉求，但是在管理者看来，这一行为有一种强迫、冲撞的意味。

因此，管理者在与新生代员工产生冲突或者被其顶撞时，要用平和的心态对待，不要认为员工是故意与自己对抗，应将其视为与新生代员工沟通的机会。管理者不能因为顾忌面子而当众和新生代员工争吵，应该将注意力放在解决冲突上。

> **友好地询问员工情绪激动的原因。**
>
> 例如，管理者可以这样说："我刚刚是说了一些让你听起来不舒服的话吗？我说的哪句话让你听起来觉得不舒服呢？"或者这样说："你能和我说一下让你生气的原因吗？"

> **向员工寻求解决问题的办法。**
>
> 例如，管理者可以这样说："刚刚我们争论的×××问题，你有什么好的解决办法吗？"或者这样说："就刚才说到的×××问题，你有什么建议或想法吗？"

> **让员工意识到当众顶撞并不是一个最佳方法。**
>
> 例如，管理者可以这样说："我知道大家的辛苦和情绪。为了达成目标，大家的努力有目共睹。如果遇到困难，我希望大家可以单独和我说，我想这样更利于解决问题。"

实践指导

被员工顶撞后的情绪处理 3 步法

管理者被员工顶撞后，可参考以下 3 个步骤处理情绪（如图 2-2 所示）。

第1步：
反思

第2步：
平复

第3步：
回应

提醒自己"不要生气，我不一定是对的"，而不是"我要立刻反击"。

停顿几秒，平复内心激动的情绪。

用平和、友好的表情和语气询问员工："我刚刚是不是说了一些让你听起来不舒服的话？"

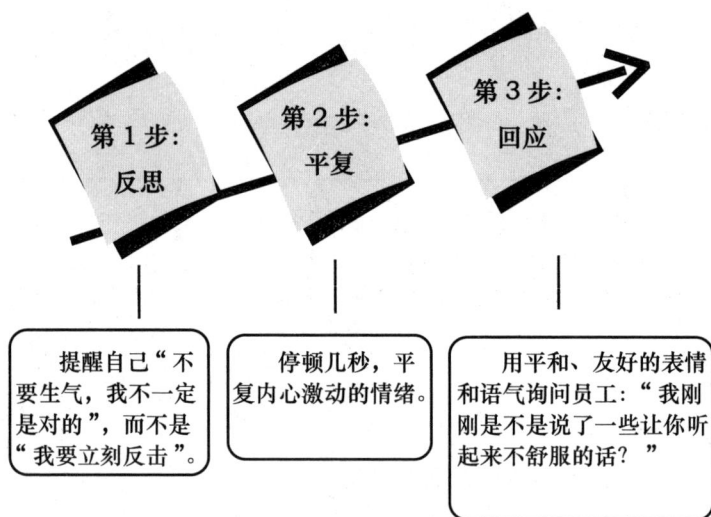

图 2-2　被员工顶撞后的情绪处理 3 步法

2.2 魅力征服

2.2.1 崇尚实干

管理问题

员工在项目讨论会上睡觉

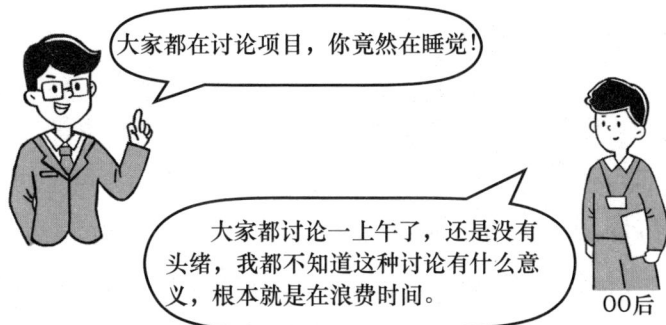

大家都在讨论项目，你竟然在睡觉！

我觉得说太多其实没有多大作用，关键还是要去做！我听了一个小时了，大家还是没能讨论出结果，我有点困就睡了一会儿。

90后

大家都在讨论项目，你竟然在睡觉！

大家都讨论一上午了，还是没有头绪，我都不知道这种讨论有什么意义，根本就是在浪费时间。

00后

问题解析

　　不少新生代员工不喜欢开会。在他们看来，大部分会议都是管理者一个人的演讲舞台，并不能真正解决问题。相对来说，新生代员工更愿意追随少说多做、崇尚实干的管理者。

　　少说多做，意味着管理者不讲废话；崇尚实干，意味着管理者讲究实际，不做表面文章。以会议为例，少说多做、崇尚实干的管理者不会说空话，而是盯紧会议目标，讨论真正对工作有帮助的话题。

管理对策

少说多做，崇尚实干

　　要想让新生代员工信服自己，管理者就要将"少说多做，崇尚实干"的原则落实在工作中的方方面面。以会议为例，管理者要"少开会、多实践"，少把时间浪费在几个小时的会议上，多去实干，在实干的过程中总结经验和教训，并不断地进行改善。

　　在工作的其他方面，管理者也要践行"少说多做，崇尚实干"的原则。例如，在工作指导和反馈层面，管理者要做到"少批判、多指导"。管理者在指导员工工作时，不要将过多的精力放在指出员工的不足上，也不要花太长的时间批评员工工作不认真，而是要将更多的精力放在有效沟通上，通过反馈让员工清楚地认识到问题所在，并指导员工分析问题、改正问题。

明确方向，给出决策。

例如，管理者在决策时少说"行"或"不行"，应该明确"如何才能行"。

抓好现场管理。

现场管理主要包括现场跟踪、现场发现问题、现场纠正、现场辅导和现场出结果。

关键时刻身先士卒。

例如，在团队工作遇到困难的时候，管理者要亲自带头解决问题，带领团队争取胜利。

实践指导

召开高效会议的 5 个基本动作

召开高效会议，管理者可参考以下 5 个基本动作（如图 2-3 所示）。

动作1：明确会议的主题和流程

- 确定会议主题和议程的工作应当在会议开始之前进行
- 会议主题一般由会议负责人决定，小型会议的主题最好只有1个，大型会议的主题最好不要超过3个

动作2：做好会议的时间分配

- 明确每个员工的发言时间，如每人3~10分钟
- 留出讨论的时间，如20~30分钟

动作3：使讨论的内容可视化

- 利用白板、PPT或视频等方式，将讨论的内容呈现出来

动作4：回顾会议目标并形成决议

- 将目标展示在与会人员可以看见的地方，如白板或PPT上
- 会议中时刻提醒会议目标
- 在决议产生前一定要再次回顾会议目标

动作5：会议后"跟踪"决议的执行情况

- 会议负责人将决议分解成具体的工作任务，明确工作内容、工作职责、日期等
- 明确跟踪节点及相关要求

图 2-3　召开高效会议的 5 个基本动作

2.2.2　以身作则

管理问题

员工无视公司的管理制度

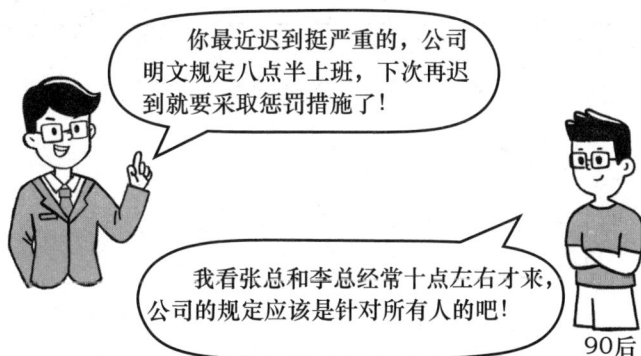

问题解析

尽管公司明文规定八点半上班，但是员工无视公司的管理制度，出现了严重的迟到现象。面对管理者的指责，新生代员工认为，公司的领导同样迟到，但没有受到惩罚，公司既然制定了规则，就应该一视同仁，不应区别对待。新生代员工不认同"只许州官放火，不许百姓点灯"的管理者。如果公司对管理者和员工实行"双标"，就难以令新生代员工信服。

管理对策

其身正，不令而行

《论语·子路》一篇中有言："其身正，不令而行；其身不正，虽令不从。"意思是，当管理者自身言行端正、作出表率时，不用下命令，被管理者也会跟着行动起来；相反，如果管理者自身不端正，那么纵然三令五申，被管理者也不会服从。

因此，如果管理者希望员工不迟到，自己就要先做到不迟到。管理者要时刻记得自己的一言一行、一举一动，对员工都具有影响力和示范作用。管理者以身作则，为新生代员工树立榜样，才能让新生代员工自觉遵守公司的管理制度。

▶ 　　**质疑或批评员工前，先思考自己是否做到位了！要求员工做的，自己要先做到！**

　　例如，管理者在批评员工不要迟到前，要思考自己是否做到了不迟到；批评员工开会不做准备前，要思考自己是否在开会前做好了准备。

　　严格要求自己，以身作则遵守公司的管理制度。

　　例如，公司的管理制度要求"会议日应提前10分钟到公司"，管理者自己也要执行。

🚫 　　**不要说空话，说到就要做到，即便是一个小承诺。**

　　例如，管理者答应项目完结后给员工发奖金，就要兑现承诺，不能以任何借口毁约。

实践指导

管理者应为员工树立的 5 个榜样

　　管理者应为新生代员工树立以下 5 个榜样（如图 2-4 所示）。

图 2-4 管理者应为员工树立的 5 个榜样

2.3 共情赋能

2.3.1 认知共情

管理问题

员工吐槽办公室的灯光太暗

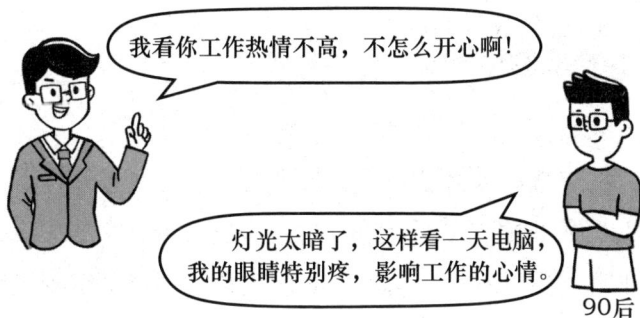

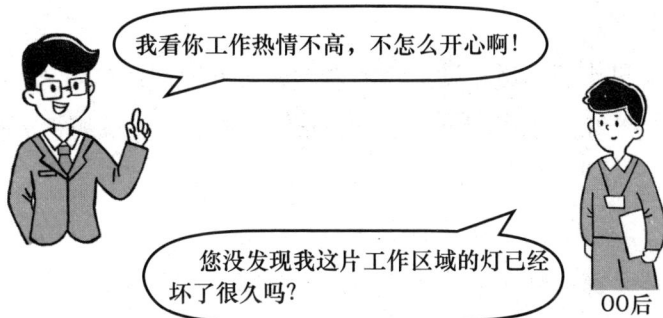

我看你工作热情不高，不怎么开心啊！

灯光太暗了，这样看一天电脑，我的眼睛特别疼，影响工作的心情。

90后

我看你工作热情不高，不怎么开心啊！

您没发现我这片工作区域的灯已经坏了很久吗？

00后

> **问题解析**
>
> 　　办公区灯光太暗是一个很小并能快速解决的问题，但是因为没能被管理者关注而引发了新生代员工的吐槽。
>
> 　　在新生代员工看来，这些事情背后反映的是管理者对员工漠不关心。员工的办公区域灯光太暗会影响视力，但是只要不影响管理者自己，管理者就置之不理。事实上，出现这种情况可能是因为管理者缺乏认知共情能力。

管理对策

换位思考，表达共鸣

　　新生代员工非常看重自己是否被公平对待，是否被管理者理解。当他们遭受委屈时，管理者是否具有同理心，是否能够客观地理解员工的感受，就显得非常重要。然而，同理心的前提是管理者觉察到了员工的情绪变化，并且在认知层面理解员工的情绪变化。因此，认知共情能力是一种重要的管理能力。

　　所谓认知共情，是指设身处地地理解对方的情绪和想法，并且理解对方为什么会产生这种情绪变化，积极建立与对方一致的行为模式和思考模式。

　　福特汽车公司的创始人亨利·福特曾说："如果说成功有什么秘诀的话，那就是设身处地地为他人着想，了解别人的态度和观点。这样不仅有利于彼此的沟通和理解，还可以更清楚地了解对方的思维轨迹，从而有的放矢、击中要害。"这句话同样适用于新生代团队的管理者。

具体来看，当新生代员工出现情绪波动或表达不满时，管理者首先要避免产生不耐烦的情绪；然后，管理者要表达对员工的理解，疏解员工的郁闷情绪；最后，管理者要积极提供解决方案或者询问员工对此事的意见，让员工感受到管理者对他的重视。

> 建立第三视角，"看着"说话的自己和对方，客观公正地站在对方的角度上去思考。
>
> 例如，管理者可以"看着"自己说话时的表情是否和善、眼神是否柔和、语调是否温和等。

> 克制说"但是"的欲望。
>
> 一些管理者虽然说了看似理解员工的话，却忍不住用"但是"来补充表达自己的想法，这也会让员工感到管理者并不是真正理解自己。

实践指导

提升认知共情能力的 4 个技巧

提升认知共情，管理者可参考以下 4 个技巧（如图 2-5 所示）。

全身心地关注员工，包括关注员工的情绪变化和行为变化。 ·技巧1

·技巧2 少讲一点道理，多谈一些感受。

表达尊重，包括尊重员工的个性和能力，善意理解对方的观点和行为。 ·技巧3

·技巧4 运用自身经验，帮助员工从积极的角度看待自己的处境。

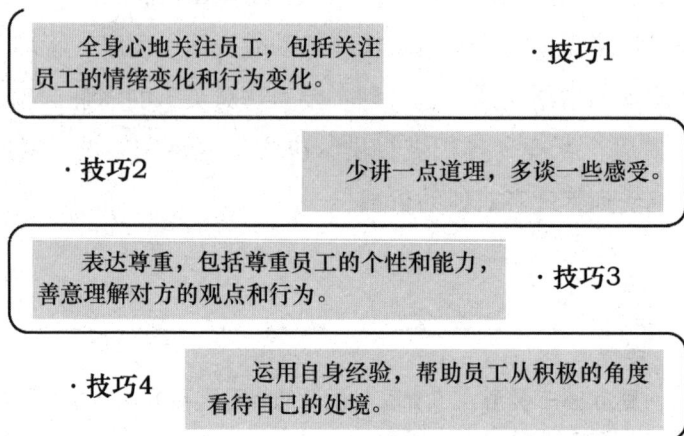

图 2-5 提升认知共情能力的 4 个技巧

2.3.2　情感共情

管理问题

怀孕的员工的工作效率低

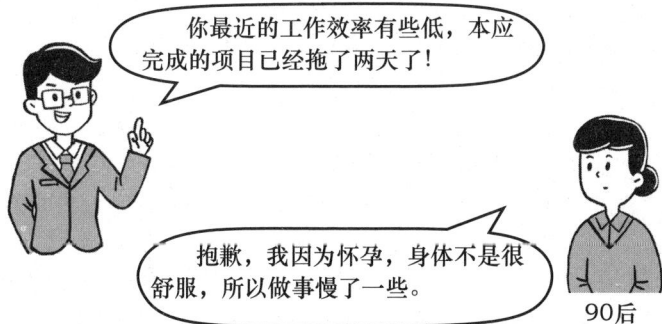

> 你最近的工作效率有些低，本应完成的项目已经拖了两天了！

> 抱歉，我因为怀孕，身体不是很舒服，所以做事慢了一些。

90后

> 你最近的工作效率有些低，本应完成的项目已经拖了两天了！

> 我已经怀孕七个月了，身体实在是不方便，为了不耽误团队的进度，我能不能申请休假？

00后

问题解析

　　管理者催促怀孕员工的工作进度，从雇佣关系的角度看无可厚非，但是员工会觉得管理者不近人情。孕期员工的身体和情绪都处于特殊时期，需要更多的关怀。管理者公事公办的态度很容易破坏双方的关系，甚至引发矛盾。新生代员工渴望被真诚友好地对待，希望在团队中获得关怀和温暖。

管理对策

给予关怀，了解员工的实际困难与需求

　　情感共情是指管理者从情感上理解员工的困难和需求，并且给予员工关怀。例如，给予孕期员工更多休息时间，安排工作强度较小的工作，及时询问员工工作中的困难，等等。

　　为了使新生代员工在公司这个大家庭中生活得更舒心、更惬意，管理者还可以将关怀的触角从员工的"工作圈"延伸到"生活圈"和"社交圈"，认真倾听员工的心声，帮助员工排忧解难。

❋ **把自己想要的给予对方。**

例如，面对怀孕的员工，管理者可以想象如果自己是孕妇，最想要得到什么样的关怀，然后把自己想要得到的关怀给予员工。

♫ **除了语言之外，动作也要表达共情。**

例如，拍拍员工的肩膀，给员工一个拥抱（适宜同性间进行），给流泪的员工递一张纸巾，给员工倒一杯热茶，等等。

♣ **日常工作中保持觉察，给予及时的关怀和情感共鸣。**

例如，看到员工身体不舒服，管理者可以提供力所能及的帮助（如提供药物）；看到员工情绪崩溃，管理者可给予适当的安慰，宽慰员工。

实践指导

了解员工实际需求与困难的方法

了解员工的实际需求与困难，管理者可参考以下方法（如图 2-6 所示）。

日常观察与反思

通过日常观察员工的行为和情绪，了解员工的心理状态，反思自己是否理解员工的难处。

员工座谈会

例如，在每周五的下午，管理者可邀请员工一起聊聊最近的困惑和烦恼。

员工面谈日

建立定期（如一个月）或不定期（视实际情况而定）的员工面谈日，和员工进行一对一面谈。

调查问卷法

针对一些难以解决的问题，管理者可以采用问卷调查的方法收集员工的想法和意见，填写问卷时最好采取"匿名"的方式。

图 2-6　了解员工实际需求与困难的方法

第 3 章

团队建设

扫码收听　团队管理精品课程

团队的公平性

3.1 建立权威

3.1.1 制度权威

管理问题

员工上班时间玩游戏

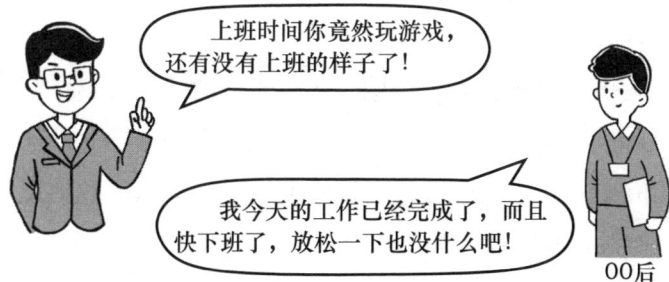

上班时间你竟然玩游戏，还有没有上班的样子了！

我刚把项目方案交上去，想休息一会儿。

90后

上班时间你竟然玩游戏，还有没有上班的样子了！

我今天的工作已经完成了，而且快下班了，放松一下也没什么吧！

00后

问题解析

新生代员工并不觉得上班时间玩游戏是多么严重的问题，这在一定程度上反映了他们对传统管理模式的抗拒。他们内心深处渴望自由、平等，喜欢相对灵活的工作制度，不喜欢死板的工作环境和强势、霸道的管理方式。

事实上，新生代员工对管理者的指责表现出抗拒，是因为他们认为自己并没有违反"制度"。他们认为管理者不是在按照制度处理问题，而是按照自己的想法指责他们，因此他们无法接受。

管理对策

明确制度，按规则办事

新生代员工敢于释放自己的个性，打破传统制度，看起来更为"叛逆"，在工作时间，他们会做一些在他们看来可以被允许的事情。例如，在不影响工作的前提下，他们可能会通过玩一会儿游戏、看一会儿手机、浏览一会儿网页等方式放松自己。

但是，这些行为在管理者的眼中就变为不务正业、没有上班的样子。这也是令很多新生代团队的管理者感到非常头疼的问题。管理者要想有效规范新生代员工的日常工作行为，就要事先明确团队的各项规章制度，按规则办事，抓好日常管理，消除争议。

🚫 ─────────────────────

规章制度不宜处处斤斤计较。

例如，上班时间不允许玩手机、不允许吃零食，这种过分严格的要求会让新生代员工产生束缚感和抗拒心理。

⚠ ─────────────────────

是否写入规章制度，管理者一定要再三权衡。

例如，管理者要思考"这项制度能不能被执行，我有没有信心将其落实到位？"如果管理者觉得某项制度执行起来有难度，自己没有把握，就不要将其写入规章制度。

📌 ─────────────────────

将制定的规章制度张贴并公示，同时将其发送到团队工作群和员工邮箱中。

张贴、发送之后，还要确认员工"已阅读"。

实践指导

《员工行为规范》示例

《员工行为规范》示例如下。

员工行为规范管理制度

一、目的

为了进一步强化公司内部管理，规范员工的工作行为，结合公司实际发展情况,特制定本制度。

二、适用范围

本制度适用于公司全体员工。

三、具体规定

(一)基本要求

1.遵守国家法律、法规和各项政策。

2.热爱本职工作,认真履行岗位职责,服从工作安排。

3.无故不得缺席公司组织的学习、培训等集体活动。

......

(二)基本行为规定

1.不带非工作人员进入工作场所。

2.工作期间不得饮酒。

3.不散布谣言,不诋毁同事。

......

(三)考勤管理规定

1.员工应在规定的时间内按时上下班。未按公司规定时间到岗者,缺勤时间缺勤时间超过 0.5 天视为旷工 1 天。

2.实行上下班打卡制度,所有出勤员工每天保证至少 2 个考勤记录。

......

(四)仪容仪表规定

1.着装大方得体,不穿奇装异服。

2.保持个人卫生。

3.保持良好的精神风貌。

......

3.1.2　专业权威

管理问题

员工对管理者的命令不服气

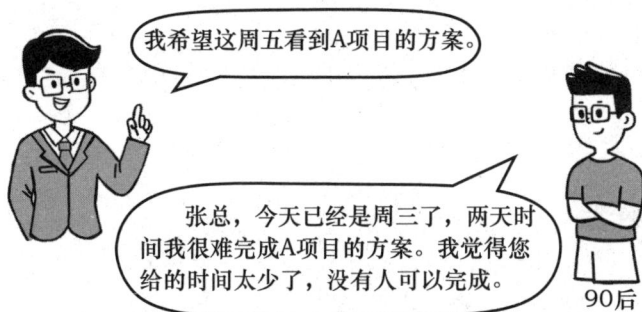

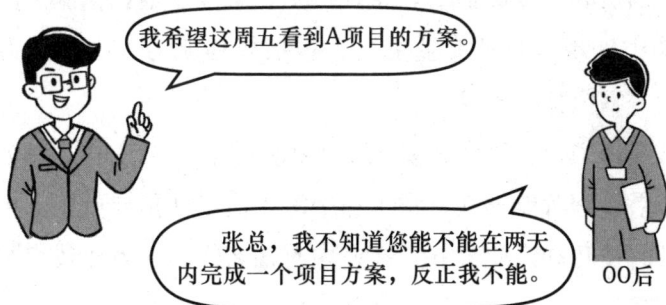

我希望这周五看到A项目的方案。

张总，今天已经是周三了，两天时间我很难完成A项目的方案。我觉得您给的时间太少了，没有人可以完成。

90后

我希望这周五看到A项目的方案。

张总，我不知道您能不能在两天内完成一个项目方案，反正我不能。

00后

问题解析

　　"90后"员工因为完成项目的时间不够，会拒绝管理者的工作安排；"00后"员工因为管理者对工作难度的评估不够专业、工作安排不够合理，会产生负面情绪。这种情况反映出管理者不够专业，不能妥善分配工作，进而引起员工的不满。

　　新生代员工不喜欢没有真本事、不懂专业、只会下命令的管理者，他们更愿意追随专业且工作能力强的管理者。

管理对策
亮出一两招绝活

　　一些管理者喜欢发号施令，强调自己的权威。如果管理者没有较强的专业能力，只是利用权威命令新生代员工，难以令他们信服。因此，管理者要在工作中展现自身的专业能力，包括规划能力、决策能力、创新能力、协调能力、执行能力等。

　　在日常工作中，管理者还要主动承担难度较高的工作。例如，在设计类岗位，如果管理者能够在日常工作中深入浅出地指导员工，传授具有实际操作意义的技巧和经验，并且在业内有知名作品，就比较容易赢得新生代员工的信服。

✔

成为员工的"智囊团"。

例如，管理者应在员工迷茫时及时解惑，帮助员工解决棘手的问题。

Ⓡ

在工作中展现出扎实的专业知识。

例如，工程造价部门的管理者应在工作中展现出自己扎实的工程造价学知识。

➤

表现出更高一级的认知。

例如，在进行项目规划时，管理者能够比员工看得更为长远，做出具有前瞻性的决策。

实践指导

提高专业能力的 5 个技巧

提高专业能力，管理者可使用以下 5 个技巧（如图 3-1 所示）。

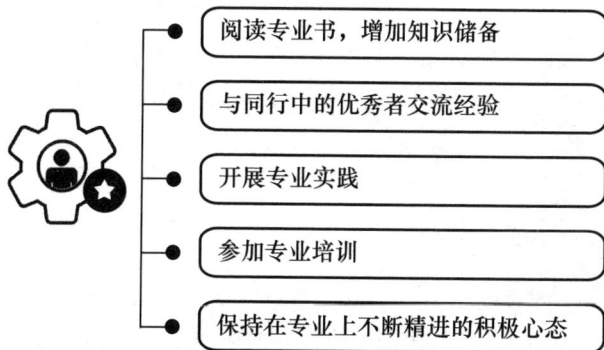

阅读专业书，增加知识储备

与同行中的优秀者交流经验

开展专业实践

参加专业培训

保持在专业上不断精进的积极心态

图 3-1　提高专业能力的 5 个技巧

3.2 融入团队

3.2.1 防御阶段：建立双方信任

管理问题

员工对工作安排持怀疑态度

> 明天开始你去做B项目。

> 为什么突然让我去做B项目？我才入职没多久，刚刚开始做A项目！

90后

> 明天开始你去做B项目。

> 为什么突然把我调到B项目啊？我刚来公司没多久，对业务还不是很熟悉。

00后

问题解析

　　面对新的工作安排，"90 后"员工和"00 后"员工的第一反应都是疑惑，不明白管理者为什么突然调整工作安排。因为他们刚加入公司不久，对公司业务还不熟悉。如果管理者只是简单地下达命令，而不告知他们背后的原因，他们很容易感到无所适从。这将不利于他们融入团队。因此，管理者要主动与这类新生代员工沟通，建立信任。

管理对策

保持接触，明确指令

　　刚加入团队时，新生代员工对公司的一切还不熟悉。而且，有些新生代员工比较被动，不善于表达自己，遇到问题时，既不主动找管理者沟通，也不善于向其他同事寻求帮助。这就需要管理者主动与他们保持沟通，明确指令，帮助新生代员工更好地融入团队。

　　保持沟通是指管理者主动接触新员工，询问他们对工作的感受和加入新团队的想法，帮助他们尽快了解团队、融入团队。**明确指令**是指管理者在对新员工下达工作指令时，应明确具体的工作内容、工作要求等，避免出现模棱两可的信息，减少新生代员工心中的疑惑。

定期和新员工进行面谈。

例如，管理者可以每周或每月与新员工进行一对一的面谈。

下达的指令要具体、明确。

例如，管理者在下达工作指令时，要明确告诉新员工需要他做什么、如何做、有哪些注意事项、什么时候完成。

下达指令时，管理者不要只说"是什么"，还要解释"为什么"。

尤其是涉及新员工利益的问题，管理者更要清楚地解释缘由，让新员工放心。

实践指导

与新员工建立信任的 5 个技巧

与新员工建立信任，管理者可使用以下 5 个技巧（如图 3-2 所示）。

发自内心地尊重、理解新员工

正面解决问题，不遮遮掩掩

坦率沟通，为新员工提供准确、真实的信息

与新员工分享项目规划、行业数据等重要信息

重视新员工的想法，积极采纳新员工的合理建议

图 3-2　与新员工建立信任的 5 个技巧

3.2.2　突破阶段：创造成功体验

管理问题

员工认为自己不适合这份工作

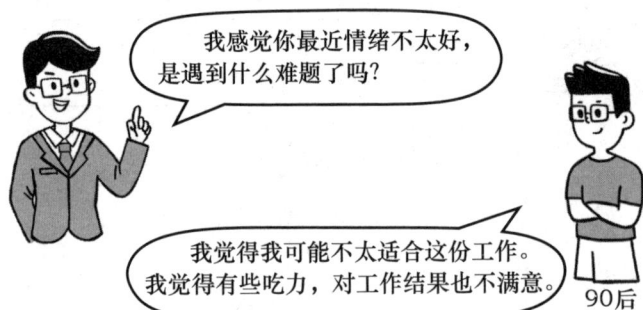

问题解析

新生代员工对自己的期望比较高，面对困难，他们倾向于质疑自己的能力，认为自己不适合这份工作。尤其是刚加入团队的新生代员工，他们渴望在团队中获得上级和同事的认可，如果付出很多努力依然看不到成绩，他们就容易产生挫败感，出现退缩心理，甚至因为压力和焦虑而选择离职。因此，管理者应帮助新生代员工树立工作信心，创造成功的工作体验。

管理对策

一起帮助，单独疏导

站在管理者的角度看，员工一时不适应或者短期内难以承受压力是正常表现。当新生代员工自我怀疑时，管理者一定要及时察觉并提供帮助。

管理者可以采取两种方式：一是管理者与团队成员一起，帮助他们提升工作能力，解决工作难题，创造成功体验；二是管理者单独为他们提供帮助，疏导负面情绪，帮助他们建立自信。这两种方式也可以同时使用，这会让新生代员工感受到团队的力量，对团队产生依赖感、归属感，也能让他们感受到管理者的关怀，对管理者产生认同感、信任感。

在工作中获得成功体验，有助于新生代员工将压力转化为动力，更积极地创造价值。

■

员工遇到挫折时，管理者可单独帮助其疏导负面情绪。

单独疏导需要找一个安静、不易被打扰的空间。例如，管理者的办公室、无人的会议室等。

✔

用言语和行动肯定员工的工作能力，帮助员工树立信心。

例如，管理者可以这样说："你在工作上的表现很出色，你刚来公司我就很看好你！"或者这样说："你的表现向来很好，这次是因为项目难度大，你才会产生挫败感，我相信你一定可以克服困难！"在行动上，管理者可以拍拍员工的肩膀，给员工一个赞赏的眼神、一个温暖的微笑，向员工表达自己的肯定和支持。

●

告诉员工遇到困难和挫折时，可以主动寻求帮助。

例如，管理者可以说："下次你面对压力时，不要再默默承受了，你可以告诉我，我和你一起想办法！"或者这样说："下次有什么困难可以告诉我，我们一起解决！"

实践指导

帮助员工建立信心的 5 个步骤

帮助员工建立信心，管理者可参考以下 5 个步骤（如图 3-3 所示）。

第5步

第4步

再次表达
对员工的
肯定和真
诚的期望

第3步

与员工一
起寻找解
决方法

"我非常看好
你的能力，也
十分相信你能
够出色地完成
这个项目。"

帮助员工
分析问题

第2步

"如果你在
……上做出
调整，并且
在……做出
改进……"

了解员工遇
到的工作障
碍和挫折

第1步

"你这次在
工作中出现
问题是因为
以下几点，
一是……
二是……"

观察员工的
情绪是否
异样

"最近工作
推进得不顺
利吗？"

"我让小张
跟你搭档，
他十分擅长
处理这类项
目，你可以
跟他学习一
些经验。"

"有什么地
方需要我提
供帮助吗？"

"我认为你
目前最大的
障碍是……"

注意员工的
情绪变化，
重点关注员
工是否出现
闷闷不乐、
情绪低落等
情况

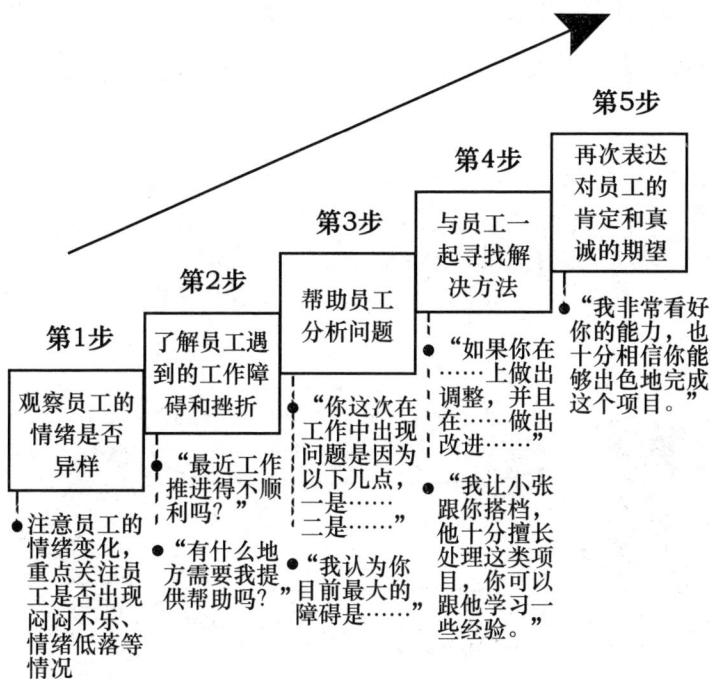

图 3-3　帮助员工建立信心的 5 个步骤

3.2.3　定位阶段：明确团队角色

管理问题

员工感到茫然，不知道该做什么

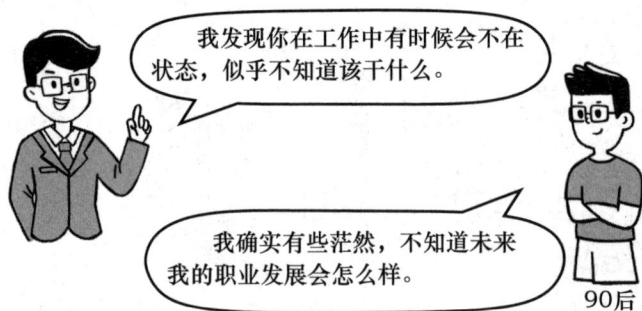

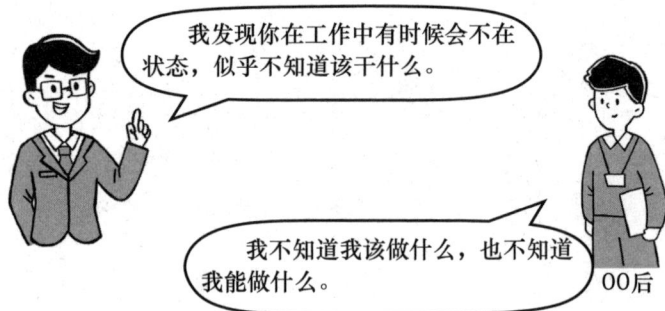

问题解析

在工作中，新生代员工因为找不准自己的定位或者不清楚未来的职业发展，很容易陷入迷茫的状态，不知道该做什么。这种状态会消解新生代员工在工作中的斗志，还会削弱他们对团队的归属感。因此，管理者要帮助新生代员工明确他们在团队中的定位和工作职责，让他们认识到自己对团队的意义和价值，从而更有信心地面对工作，在工作中获得成就感。

管理对策

协助定位，厘清职责

对新生代员工来说，目标感十分重要。充满目标感的员工能够清晰地知道自己所做的工作对团队的价值，并且知道如何为达成目标努力。同时，他们会把个人目标与团队目标相结合，在满足自身发展意向的前提下，为团队创造更多价值。如果新生代员工缺乏目标感，工作就难以展开。

因此，对于处在茫然状态中的新生代员工，管理者要帮助他们认识到自身的价值和工作的意义，即协助定位，厘清职责。

协助定位是指管理者帮助新生代员工明确他们在团队中处于什么位置、扮演什么角色、发挥什么作用，自己的工作有什么意义，等等。**厘清职责**是指管理者帮助员工明确工作职责、规范工作行为等。

> **了解员工的性格特点、优势和劣势。**
>
> 例如，管理者可以通过以下问题了解员工：员工最显著的性格特征是什么？员工的优势有哪些？最大的优势是什么？员工的劣势有哪些？最大的劣势是什么？

> **根据员工的优势和专长，安排员工做适合的、能最大程度发挥其价值的工作。**
>
> 例如，员工思维活跃、善于创新，管理者可以安排其从事策划设计类的工作，这样既能发挥员工的专长，又能让其在工作中找到方向，取得成绩。

> **帮助员工厘清工作职责，明确岗位要求。**
>
> 例如，在广告设计岗位上，员工需要熟练操作PS、AI、CAD等制图软件，还需要负责公司项目方案的文案策划与脚本写作等文字工作。

实践指导

发掘员工优势和专长的 3 个细节

发掘员工的优势和专长，管理者要注意以下 3 个细节（如图 3-4 所示）。

员工做得又快又好的工作

- 盘点员工做哪些工作用时较短
- 盘点员工哪些工作的完成质量比较高

员工不用花太大力气就可以做好的工作

- 盘点员工做哪些工作比较轻松且效果好
- 盘点员工对自己所做的哪些工作比较满意

员工喜欢做的工作

- 盘点员工主动申请过哪些工作
- 盘点员工曾表达过自己喜欢做哪类工作

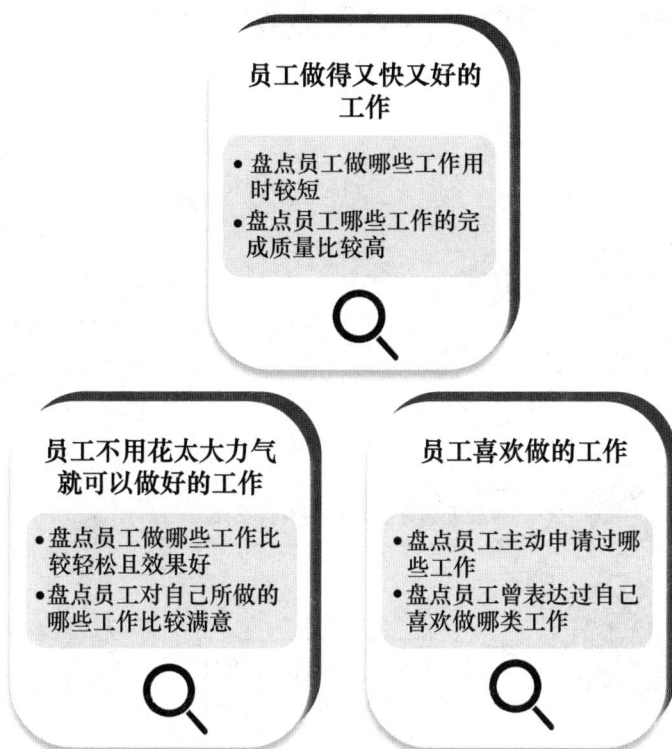

图 3-4　发掘员工优势和专长的 3 个细节

3.2.4 融入阶段：提供必要支持

管理问题

员工觉得自己成长速度慢

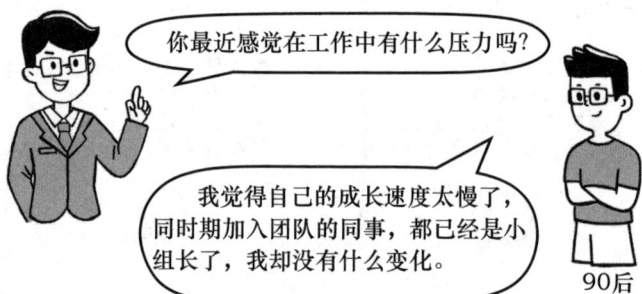

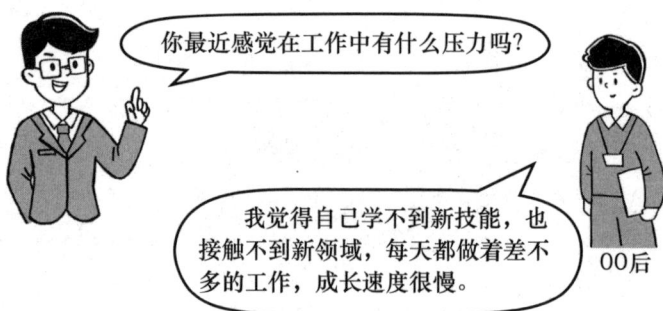

你最近感觉在工作中有什么压力吗？

我觉得自己的成长速度太慢了，同时期加入团队的同事，都已经是小组长了，我却没有什么变化。

90后

你最近感觉在工作中有什么压力吗？

我觉得自己学不到新技能，也接触不到新领域，每天都做着差不多的工作，成长速度很慢。

00后

问题解析

　　"90 后"员工觉得自己成长速度慢，主要体现在职位没有晋升；"00 后"员工则觉得自己的工作能力没有提升。新生代员工非常重视职业发展，希望在工作中实现自我价值。如果成长得太慢，他们就会感到焦虑。面对这种情况，管理者一定要提供必要的支持，帮助新生代员工实现快速成长。

管理对策
在员工求助时提供指导性建议

　　做好员工指导，提升员工的综合技能，帮助员工达成工作目标，是管理者的重要任务。

　　当新生代员工在工作中遇到困难、向管理者反馈或求助时，管理者要抓住机会，提出指导性的建议，为他们提供必要的支持，帮助他们解决工作上的障碍。

　　管理者可根据员工的实际情况，采取浅层次指导或深层次指导两种方式。**浅层次指导**，即管理者以答疑解惑的方式，提示员工找出解决方案；**深层次指导**则需要管理者观察员工的行为，发现问题，然后与员工沟通，提出改进建议，最后通过示范演练的方式，亲自带领员工解决问题。

ⓘ

根据员工的具体行为采用相对应的指导方式。

例如，对于需要解决技术难题的员工，管理者可以进行技术上的点拨，但不必全程监督；对于缺乏工作意愿的员工，管理者则需要进行深层次的沟通，激发员工的工作意愿，同时需要对其进行定期监督。

！

重视指导的深度和彻底性，而不是指导的频次。

例如，管理者可以从问题产生的原因、导向的结果、改正的方法等角度，帮助员工彻底理解这项工作。

@

帮助员工找到合适的学习资源。

例如，管理者可以为员工提供必要的学习资料，推荐合适的学习平台，或者通过换岗的方式为员工提供学习机会等。

实践指导

日常辅导员工的 4 个重点

日常辅导员工，管理者要注意以下 4 个重点（如图 3-5 所示）。

讲解

- 阐述这项工作对公司和团队的意义，让员工明白为什么要做这项工作
- 详细描述做好工作的每一个步骤和注意事项等
- 注意听取员工的疑问并做出解答

分享

- 与员工分享自己的经验
- 将自己的经验编写成《工作指导说明书》等工作手册供员工参考
- 带领员工一起解决工作中的难题

- 给员工更多的练习机会，并在旁边观察、指导，事后进行总结、评估
- 允许员工犯错

练习

- 主动向员工反馈其工作行为和工作结果
- 反馈要有针对性，让员工知道哪些工作行为需要改进，哪些工作行为值得表扬
- 对员工的工作行为提出期望和改进建议

反馈

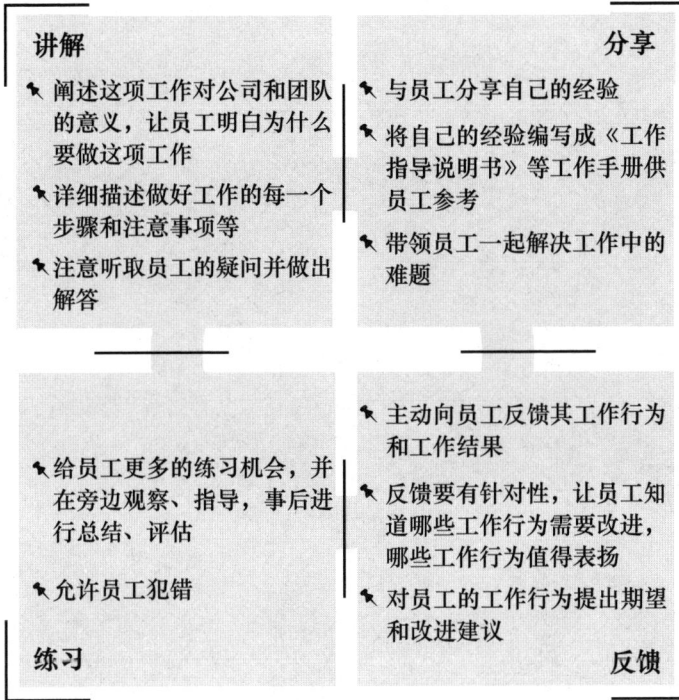

图 3-5　日常辅导员工的 4 个重点

第 4 章

高效沟通

扫码收听　团队管理精品课程

领导力视窗　　　　　　　　　高效管理沟通

4.1 平等对话

4.1.1 民主式沟通

管理问题

你认为在沟通，员工认为在说教

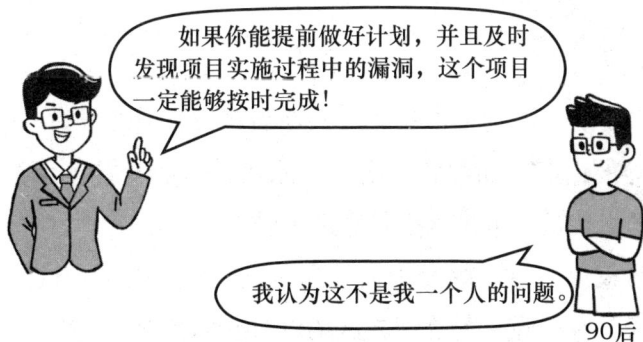

如果你能提前做好计划，并且及时发现项目实施过程中的漏洞，这个项目一定能够按时完成！

我认为这不是我一个人的问题。

90后

如果你能提前做好计划，并且及时发现项目实施过程中的漏洞，这个项目一定能够按时完成！

结果您也看到了，就是延期了啊！

00后

问题解析

　　有些管理者在与员工沟通工作问题时，常常以一种居高临下的姿态，生硬地进行指责。管理者认为自己是在沟通，员工却认为管理者是在说教。新生代员工追求平等自由的工作氛围，当他们感到管理者在说教时，他们的态度就会转变为消极、对抗，如此一来，沟通也就陷入了僵局。

管理对策

平等交流，共同探讨

　　新生代员工有强烈的平等意识，希望被尊重。说教方式一般带有不友好的、不平等的语气（如埋怨、嘲讽、吆喝、命令、威胁、质问等），这种语气会给新生代员工带来负面的心理感受。

　　当管理者仅仅以自己的经验为依据时，新生代员工会认为："凭什么你的经验对我也有用呢？"管理者试图以自己的观念改变新生代员工的行为，却没有了解他们的实际处境，倾听他们的内心声音，只是嘴上说教。

　　有时，管理者传达的理念、观点等，可能自己都无法做到，因此缺乏说服力。例如，有的管理者在工作中遇到障碍时，也会出现拖延的问题，但是他却不允许员工在遇到困难时拖延进度。这样的说教方式既"双标"又缺乏说服力。

　　管理者与新生代员工沟通时，一定要避免高高在上的说教姿态，学会民主式沟通，即管理者与新生代员工都拥有同等的表达权力，沟通不是要评判谁对谁错，而是双方自由平等地表达自己的想法。

管理者在沟通中不要使用命令、威胁、质问的语气。

例如，管理者要避免使用"你快点……""难道不是吗？""……你有胆子就试试！"等表述方式。

管理者要建立"尽量让对方正确"的心态。

例如，管理者要避免直接否定员工；不抢夺员工的话语权；少说"不""不对""你说错了"等。

双方在探讨时，管理者要多使用"我理解你的看法，同时……（温和的，能让对方舒服的语气）"而避免使用"我理解你的看法，但是……"这种表述方式。

如果一定要用"但是"表达转折，管理者可以试试使用"我认同你说的×××，如果再补充×××点，就更好了……"这种表述方式。

管理者要与对方保持在同一频率。

例如，如果员工的性格比较温吞，管理者在说话时也要尽量放缓语速、降低语调，与对方保持同一频率。

实践指导

快速建立亲和感的 5 个技巧

为了快速与员工建立亲和感，管理者可使用以下 5 个技巧（如图 4-1 所示）。

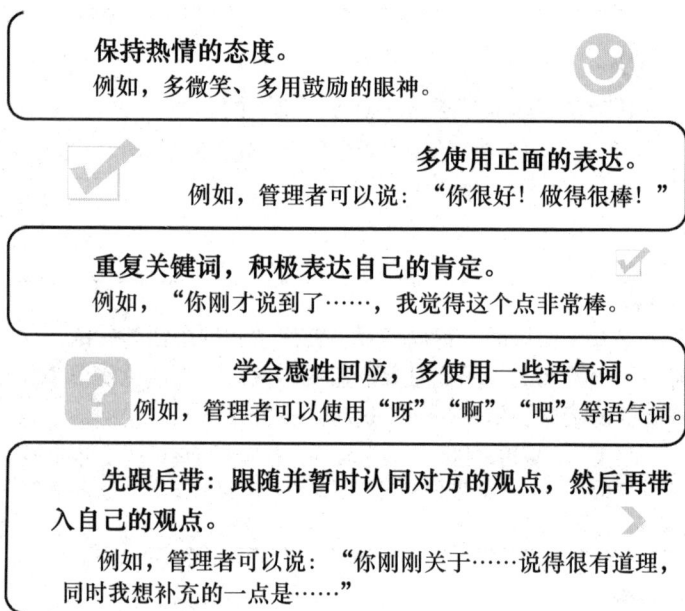

保持热情的态度。
例如，多微笑、多用鼓励的眼神。

多使用正面的表达。
例如，管理者可以说："你很好！做得很棒！"

重复关键词，积极表达自己的肯定。
例如，"你刚才说到了……，我觉得这个点非常棒。

学会感性回应，多使用一些语气词。
例如，管理者可以使用"呀""啊""吧"等语气词。

先跟后带：跟随并暂时认同对方的观点，然后再带入自己的观点。
例如，管理者可以说："你刚刚关于……说得很有道理，同时我想补充的一点是……"

图 4-1　快速建立亲和感的 5 个技巧

4.1.2　开放式沟通

管理问题

沟通时，员工始终不说话

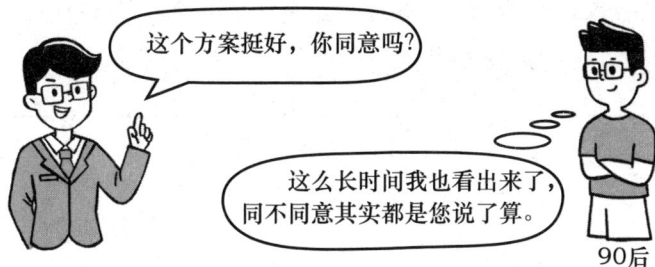

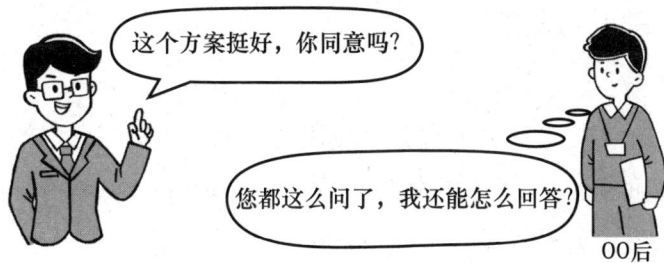

问题解析

面对管理者提出"同意"或"不同意"的封闭式问题，"90后"员工认为管理者只是象征性地询问，自己的意见并不重要，因此用沉默应对；"00后"员工对这种提问方式感到不满，认为没有得到管理者的尊重，因此拒绝回答。

事实上，沟通的态度远比沟通的内容更重要。在管理工作中，封闭式沟通会表现出一种高高在上的领导姿态，容易引发员工的抵触情绪。管理者在与新生代员工沟通时，要谨慎使用封闭式沟通，多使用开放式沟通。

管理对策

用开放式提问打开僵局

开放式沟通是心理咨询中经常使用的一种询问技巧，相比于封闭式沟通所呈现出的强势意味，开放式沟通可以体现出管理者平等沟通的姿态，这样既能营造友好的氛围，又能激发对方的表达意愿。

在管理对话中，开放式沟通多以开放式提问的形式出现。开放式提问没有标准答案，员工可以从多角度、多方向进行思考和回答，因此更容易打破新生代员工不愿意沟通的僵局。例如，管理者问："你认同这个方案吗？"或者"你可以谈谈对这个方案的看法吗？"后者更能让员工感受到被尊重，也更愿意表达出真实想法。

新生代员工希望自己的想法和建议可以得到管理者的重视，开放式沟通就给了管理者一个与他们"好好沟通"的机会，让双方在轻松愉快的氛围中解决问题。

多使用"什么""为什么""怎么样""谈谈"等表述，少使用"能不能""对吗""是不是""会不会"等表述。

带着所探讨话题的核心词进行提问。

提问时要带着理解、鼓励和包容的态度，多使用轻松的表情。

实践指导

开放式沟通的姿态

开放式沟通的姿态，管理者可参考以下建议（如图 4-2 所示）。

微笑：向对方表达友好沟通的意愿

目光交流：目光接触增强双方的信任感

聆听：用开放的姿态暗示对方
"我已经准备好听你讲话"

身体前倾：身体前倾，表示
"我在专心地听
你讲话"

音调：用柔和的音调传递
坦诚和友善的态度

点头：偶尔点头，表示赞同以及
"我在认真听你讲话"

图 4-2　开放式沟通的姿态

4.1.3　线上沟通

管理问题

员工经常在微信上汇报工作

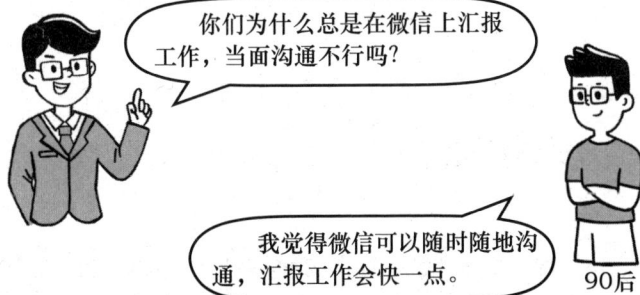

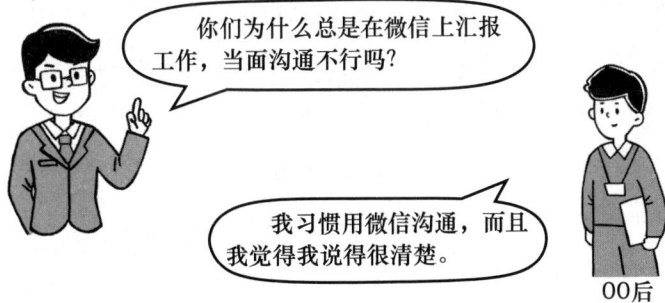

你们为什么总是在微信上汇报工作，当面沟通不行吗？

我觉得微信可以随时随地沟通，汇报工作会快一点。

90后

你们为什么总是在微信上汇报工作，当面沟通不行吗？

我习惯用微信沟通，而且我觉得我说得很清楚。

00后

> **问题解析**
>
> 很多新生代员工喜欢采用线上沟通的方式（如微信，QQ等）与管理者沟通。在他们看来，这种方式既能避免面对面沟通可能发生的冲突，又能用简洁的语言将工作情况汇报清楚。
>
> 这种情况主要源于新生代员工的成长背景。新生代员工是伴随着互联网、移动互联网的发展而成长起来的，相较于面对面的沟通，他们更喜欢线上沟通的方式。

管理对策
用员工喜欢的方式进行沟通

从沟通习惯上看，新生代员工喜欢使用线上沟通的方式，因为线上沟通更方便、快捷，可以在轻松的氛围中实现沟通。例如，新生代员工常常使用网络流行语、表情包来表达自己的想法。从心态上看，新生代员工既不喜欢管理者一本正经的说教，也不喜欢绕弯子式的表达方式。这些都很容易在线下沟通的场景中出现。

与新生代员工沟通工作，管理者要有包容的胸怀，除特殊情况外，可以尽量用他们喜欢的方式沟通。

管理者要重视沟通的结果，而非沟通的形式。

例如，只要员工将事情讲清楚，管理者就不要过分在意员工是通过什么渠道进行沟通的。

尊重员工的个性化选择，允许员工使用不同的沟通方式。

例如，允许员工在午饭前与管理者进行简短沟通；允许员工通过QQ、邮件等方式进行沟通。

及时呼应员工的沟通方式。

例如，员工用微信沟通时，管理者尽量不要直接当面与员工沟通或者通过QQ与员工沟通，应当也用微信进行沟通。

实践指导

线上沟通的 4 点注意事项

与新生代员工进行线上沟通时，管理者可参考以下 4 点注意事项（如图 4-3 所示）。

简明扼要，把想要传达的要点清晰展示出来

尽量不要发长语音（多于30秒）

需要员工注意的信息，要重点提醒

不要忘了提醒员工："收到请回复"

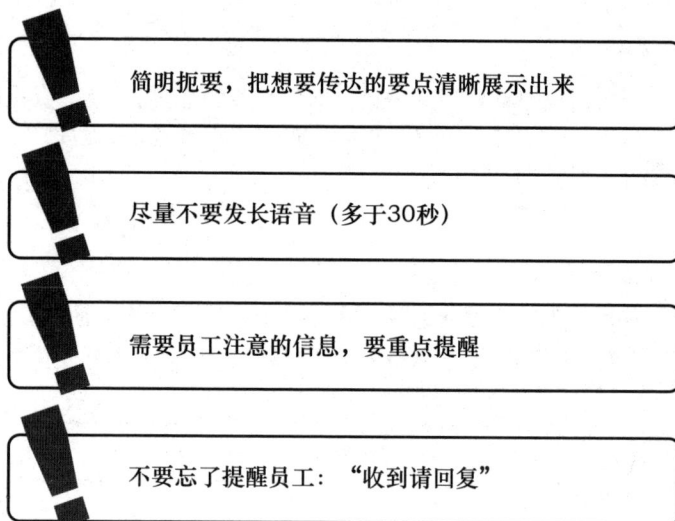

图 4-3　线上沟通的 4 点注意事项

4.2 有效倾听

4.2.1 真正倾听

管理问题

手在键盘上，耳朵就没法听

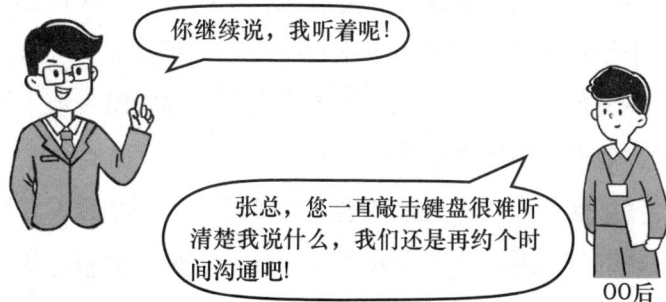

问题解析

　　不少管理者在与新生代员工沟通时，常常一边听、一边继续做手头的事情。管理者认为这样两边的事情都不耽误。但是这会给新生代员工带来负面的心理感受，让他们觉得管理者没有认真倾听，进而产生负面情绪。如果管理者没有听到重要信息，需要新生代员工重复，可能会让新生代员工感到不被尊重。

管理对策

真正倾听的3个表现

　　新生代员工十分注重平等与尊重。管理者在与新生代员工沟通时，一定要做到真正倾听。真正倾听是指全身心地关注和倾听，这不仅表现在身体上不做其他事情，语言上不打断对方、不评判对方，还表现在心理上能够与对方感同身受，并且做出积极回应。

　　真正倾听有3个表现。

　　第一，倾听的态度要真诚。态度真诚，主要是指管理者在倾听时不做其他事情、不做小动作、不做出不耐烦的表情、不打断员工讲话。新生代员工对倾听一方的态度非常敏感，如果管理者在倾听时表现出无所谓、不认真的态度，他们也很难做到认真沟通。

　　第二，仔细倾听员工表达的内容。管理者不仅要在态度和行为上表示自己在倾听，同时也要认真了解员工在说什么、员工遇到了哪些困难、员工沟通的目的是什么。

第三，抓住关键内容，适当重复、确认。管理者可以重复自己听到的关键内容，这不仅可以让员工知道自己在认真倾听，同时也可以使自己的注意力集中于交流的内容上，还可以检验自己对所听内容的理解是否准确。

管理者在倾听时要避免出现分心的举动。

例如，管理者应尽量避免看表、心不在焉地翻阅文件、乱写乱画等动作，这样会使员工认为管理者对他讲的内容不感兴趣，也容易使员工表达时精力不集中。

管理者要与员工保持适当的目光接触。

例如，管理者应在员工停顿时、说到重点时与员工保持目光接触，让员工知道自己在认真倾听。

管理者可不时通过赞许性地点头、微笑进行回应。

例如，当听到员工表达建设性的意见时，管理者可通过点头表示认可。

管理者应尽量不去打断员工讲话。

例如，管理者在倾听员工说话时应保持耐心，等员工说完了再进行反馈，不要急于打断对方。

实践指导

倾听的 5 个层次

倾听包括以下 5 个层次（如图 4-4 所示）。

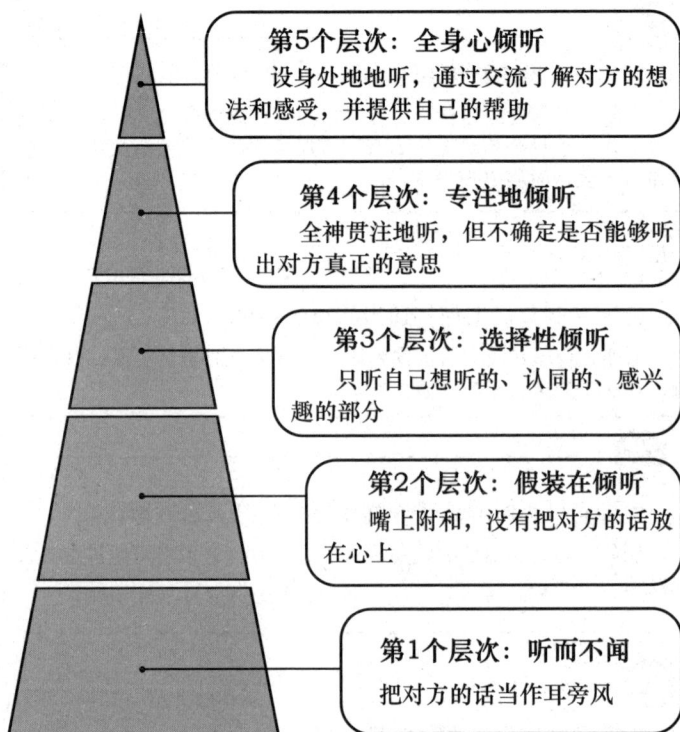

第5个层次：全身心倾听
设身处地地听，通过交流了解对方的想法和感受，并提供自己的帮助

第4个层次：专注地倾听
全神贯注地听，但不确定是否能够听出对方真正的意思

第3个层次：选择性倾听
只听自己想听的、认同的、感兴趣的部分

第2个层次：假装在倾听
嘴上附和，没有把对方的话放在心上

第1个层次：听而不闻
把对方的话当作耳旁风

图 4-4　倾听的 5 个层次

4.2.2　有效反馈

管理问题

等一下，你刚才说的有问题

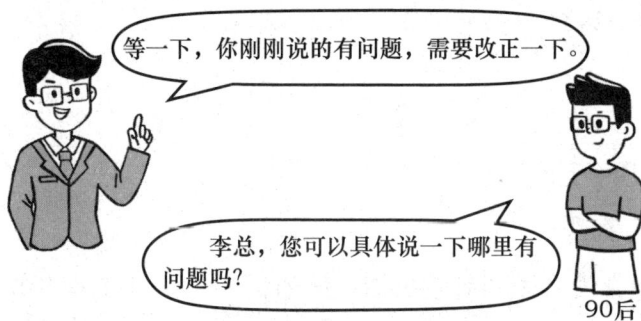

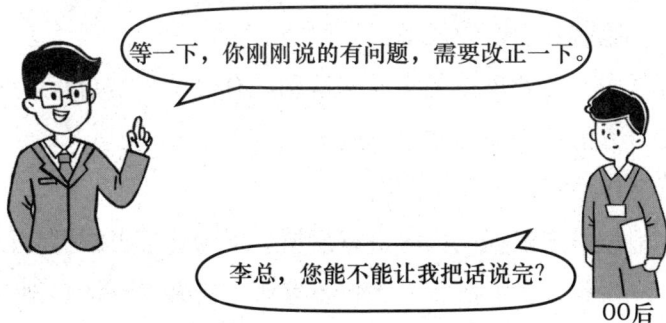

等一下，你刚刚说的有问题，需要改正一下。

李总，您可以具体说一下哪里有问题吗？

90后

等一下，你刚刚说的有问题，需要改正一下。

李总，您能不能让我把话说完？

00后

问题解析

　　面对管理者的反馈，"90后"员工认为管理者没有指出具体的问题；"00后"员工认为管理者直接打断汇报过程的方式很不妥。这两种情形，都可以视为无效反馈。无效反馈不但无法帮助员工改善工作，还有可能破坏管理者与新生代员工之间的沟通氛围，影响新生代员工的工作情绪，导致新生代员工逃避与管理者沟通。

管理对策

有效反馈的3个动作

　　一些管理者没有做到有效反馈。例如，一些管理者以"你总是……"或"你从来都不……"这样的话作为开头，这种批评的语气会激起员工的负面情绪，无法起到沟通的效果。

　　在管理学中，有效反馈是沟通的基础。有效反馈是指有效回应对方的观点，并使对方清晰获知自己的观点。

　　有效反馈应注意以下3个方面。

　　第一，根据员工汇报的内容进行反馈。不少管理者根据自己的看法和所掌握的信息进行反馈，既不全面也不客观。管理者要清楚地知道员工的想法是什么、困惑是什么、有哪些想要解决的问题，在此基础上再进行反馈。

　　第二，提出针对性的反馈。管理者要针对员工当下的工作情况和当前的问题，做出精确的反馈，提出具体、可行的建议，切忌泛泛而谈。同时，管理者要避免翻旧账，不能将反馈变成"批判大会"。

第三，控制情绪，注意反馈的态度。管理者不要使用趾高气扬的语气，更不能情绪化，要心态平和地进行反馈。管理者应抱着支持与理解的态度，让员工感到自己希望帮助他。

管理者要注意反馈时的措辞。

例如，管理者应避免以"你总是……"或"你从来都不……""你看看你又……"这样的话作为开头，多以"我们可以先看看……""你可以先说一下……"这样的话作为开头。

管理者不要直接否定员工。

例如，管理者要避免说直接否定员工的话，不抢夺员工的话语权；少说"不""不对""你说错了"等。

在指出员工存在的问题时，管理者要使用委婉的语气，作出专业解释，让对方能够接受并信服。

例如，管理者可以这样说："你这次工作出现失误，主要因为在……环节出现了问题，这个问题导致你在……的过程中出现了漏洞。"

管理者要具体说明对方存在哪些方面的问题，并提出有针对性的建议。

例如，管理者可以这样说："在这个项目中，你存在两个问题，一个是……另一个是……要想解决这两个问题，你需要做好以下几点，一是……二是……三是……"

实践指导
SHARE 反馈模式

管理者可参考 SHRAE 反馈模式，进行有效反馈（如图 4-5 所示）。

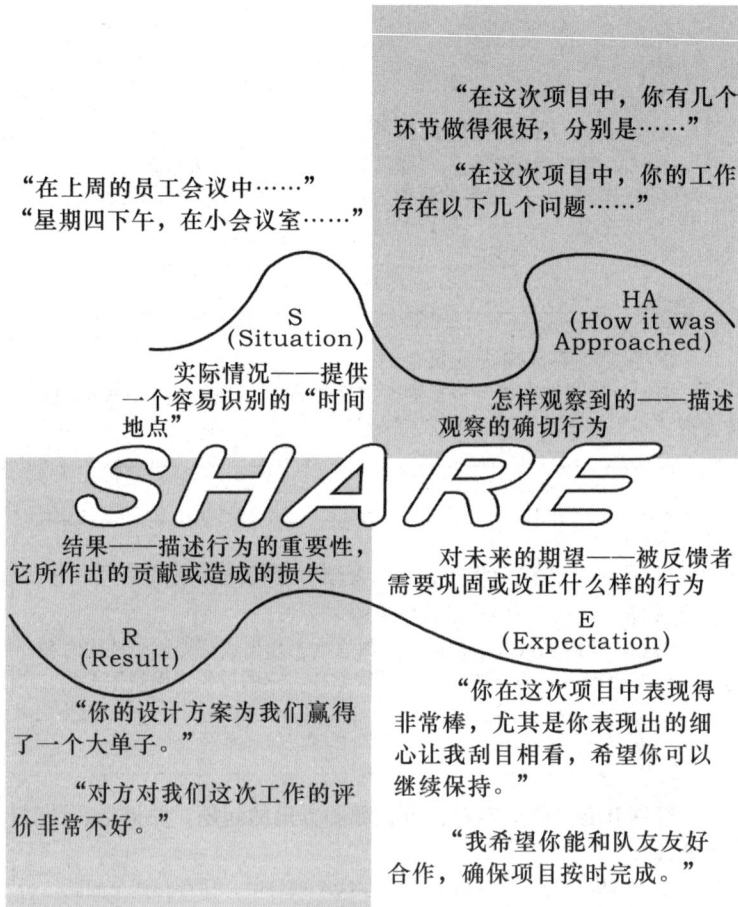

"在这次项目中，你有几个环节做得很好，分别是……"

"在这次项目中，你的工作存在以下几个问题……"

"在上周的员工会议中……"
"星期四下午，在小会议室……"

S
(Situation)

实际情况——提供一个容易识别的"时间地点"

HA
(How it was Approached)

怎样观察到的——描述观察的确切行为

SHARE

结果——描述行为的重要性，它所作出的贡献或造成的损失

对未来的期望——被反馈者需要巩固或改正什么样的行为

R
(Result)

E
(Expectation)

"你的设计方案为我们赢得了一个大单子。"

"对方对我们这次工作的评价非常不好。"

"你在这次项目中表现得非常棒，尤其是你表现出的细心让我刮目相看，希望你可以继续保持。"

"我希望你能和队友友好合作，确保项目按时完成。"

图 4-5　SHARE 反馈模式

4.2.3　兑现承诺

管理问题

我答应过涨工资吗

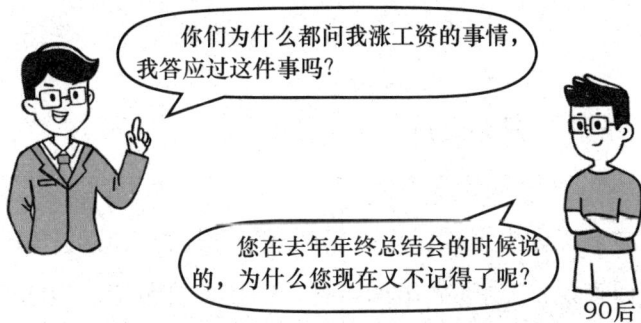

你们为什么都问我涨工资的事情，我答应过这件事吗？

您在去年年终总结会的时候说的，为什么您现在又不记得了呢？

90后

你们为什么都问我涨工资的事情，我答应过这件事吗？

您不记得了吗？之前就是在这个会议室说的，您不会只是说说而已吧！

00后

问题解析

　　新生代员工重视承诺，讨厌被欺骗。管理者出尔反尔，否认自己曾经承诺过的事情，会导致新生代员工产生强烈的失落感，甚至愤怒情绪。这种情形会破坏双方的信任，对员工和管理者都是一种损失。因此，管理者要慎重许下承诺，做出承诺后一定要兑现。

管理对策

清晰记录，不开"空头支票"

　　管理者向员工做出承诺，可以起到激励和振奋人心的作用。管理学大师史蒂芬·柯维说："当你做出承诺时，你在构筑希望；当你信守承诺时，你在构建信任。"管理者要重视自己的承诺，言而无信的行为不仅会让自己在新生代员工心中的形象受损，还会引发更多问题，甚至导致新生代员工离职。

　　在实际工作中，有些管理者可能不小心忘记了自己做出的承诺。为了避免管理者与员工出现争议，管理者最好在每次做出承诺后做好记录并定期查看，及时兑现承诺，不开"空头支票"。

清晰记录承诺。

例如，管理者向员工做出承诺后要做好记录，包括承诺的时间、承诺的事项和承诺兑现的条件。记录要具体明确，不要使用简写或缩写，以免再次查看时难以理解。

兑现承诺时，不打折扣。

例如，管理者承诺员工完成工作目标后发放1000元奖金，兑现承诺时就不能只发放500元奖金。

实践指导

承诺记录示例

管理者应及时以书面形式记下承诺内容，示例如下。

时间：2022 年 1 月 1 日上午 10 点

地点：小会议室

承诺人：× × ×

被承诺对象：× × ×

承诺内容：如果 × × × 员工在 3 月 1 日前完成销售额增长 50 万元的工作目标，承诺员工按销售额的 5% 发放提成。

4.3 智慧表达

4.3.1 条理清晰

管理问题

领导，你叫我来是闲聊的吗

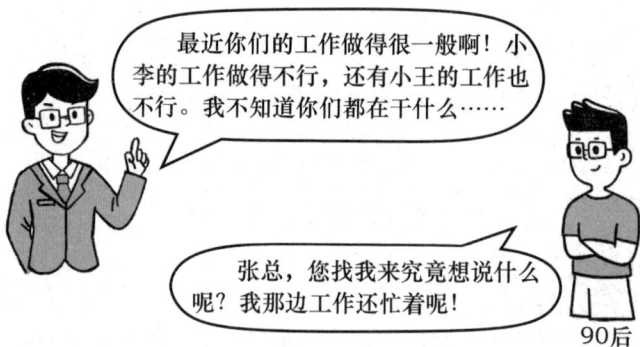

> 最近你们的工作做得很一般啊！小李的工作做得不行，还有小王的工作也不行。我不知道你们都在干什么……

> 张总，您找我来究竟想说什么呢？我那边工作还忙着呢！

90后

> 最近你们的工作做得很一般啊！小李的工作做得不行，还有小王的工作也不行。我不知道你们都在干什么……

> 张总，我不知道您说这么多是想表达什么，我觉得我的工作没有您说的那么差劲。

00后

> **问题解析**
>
> 一些管理者在与新生代员工沟通时，因为没有提前做好准备，导致沟通变成了一场闲聊。新生代员工不喜欢这样的闲聊，一方面会耽误他们的工作进度，另一方面会让他们感到困惑，不知道管理者究竟要表达什么。因此，管理者在与新生代员工沟通之前，一定要理清思路，不要让沟通变成一场没有重点的闲聊。

管理对策
沟通之前理清思路

即便是一次临时起意的沟通，管理者也要提前在脑海中思考一遍"我要如何表达"，而不是半天说不到重点，既浪费时间又消耗彼此的精力。

管理者在沟通前应做好以下两项准备工作。

第一，明确沟通的目的。管理者要思考沟通的目的是什么。例如，沟通是为了解决员工的工作难题，还是安抚员工的情绪。同时，管理者还要思考"我希望通过沟通达到什么结果"。例如，管理者希望员工改正工作中的问题，提升工作质量；或者帮助员工消解内心的困惑，使其保持积极的工作态度。

第二，设计沟通的内容。首先，管理者要提前思考讨论的内容，记录下重点和难点，避免遗忘。其次，管理者需要思考如何引入话题。例如，如果是员工工作方面的问题，管理者可以以"最近工作怎么样"展开话题；如果是员工情绪方面的问题，管理者可以以"最近状态怎么样"或者

"感觉你最近情绪不高，是遇到什么事情了吗"切入话题。最后，管理者还要想好如何过渡才能让气氛更自然。

把自己想要沟通的重点记录下来。

如果管理者只是在头脑中对沟通的重点进行简单地思考，不但难以理出头绪，还容易遗忘。因此，管理者在做沟通计划时一定要随时记录自己的想法。

设计几个沟通问题，包括开放性问题和封闭性问题。

例如，管理者可以设计这样的问题："你在工作上遇到障碍了吗？具体遇到了哪些障碍呢？"

提前约定沟通的时间、地点和形式。

例如，管理者与员工约定周三下午3点在小会议室进行一对一面谈。

实践指导

理清思路的 4 个问题

为了在沟通前理清思路，管理者可参考以下 4 个问题（如图 4-6 所示）。

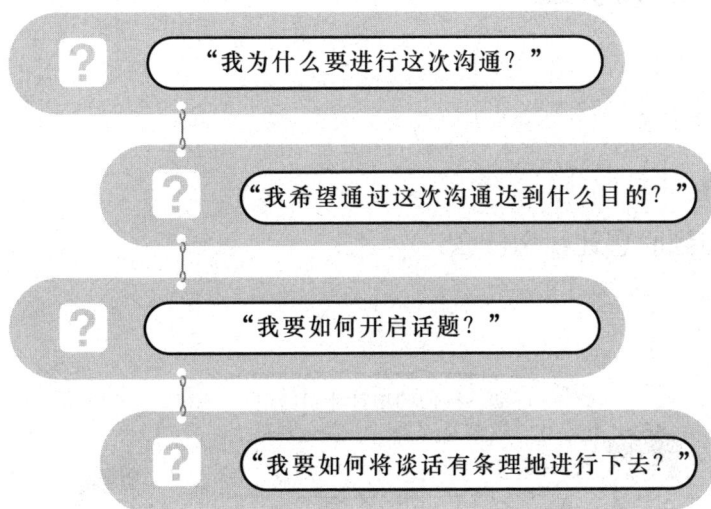

图 4-6　理清思路的 4 个问题

4.3.2　直截了当

管理问题

领导,你到底想让我做什么

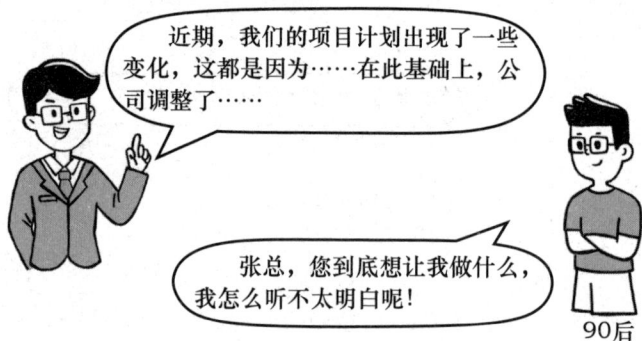

近期,我们的项目计划出现了一些变化,这都是因为……在此基础上,公司调整了……

张总,您到底想让我做什么,我怎么听不太明白!

90后

近期,我们的项目计划出现了一些变化,这都是因为……在此基础上,公司调整了……

张总,您说了这么多,我还是不知道您到底让我做什么,要不您就直说吧!

00后

问题解析

　　新生代员工喜欢简洁、高效的沟通方式，不喜欢拐弯抹角。他们希望管理者在安排工作时，能够直截了当地说明具体任务，而不是含糊其辞、模糊重点。然而，一些管理者在沟通时喜欢长篇大论，半天说不到重点，这会使新生代员工感到困惑，甚至直接打断管理者，询问其真正目的。

管理对策

提纲挈领，突出重点

　　在沟通时，不少管理者会铺垫太多与对话无关的背景和细节，这既会消耗新生代员工的耐心，也会影响沟通的效果。管理者应提纲挈领、突出重点，迅速围绕主题展开沟通。

　　管理者应掌握两种能力，即换位思考能力和逻辑思考能力。

　　换位思考能力是指管理者在沟通时应尽量避免"以我为主"的想法，多站在员工的角度上思考，以员工容易理解的方式进行表达。**逻辑思考能力**是指将庞杂、琐碎的信息整合成条理清晰的内容，有逻辑地表达出来，让员工能够迅速领会重要信息。

　　管理者在沟通时如果能做到换位思考，并将沟通的内容有逻辑地表达出来，就可以大幅提升沟通效果。

▲

建立金字塔表达结构，让结论先行。

管理者在沟通时，可以先说结论，然后再分析原因，这样便能有条理、有逻辑、有主次地把事情讲清楚。

建立以对方为主的表达模式。

管理者要多思考"对方最想听什么""什么话对对方最有价值"，而不是"我想说什么就说什么，自己要说痛快了"。

123

运用"黄金三点论"，突出说话的重点。

管理者可以把想说的话提炼成三点，用"第一""第二""第三"来表达，这样员工就会比较容易理解管理者的意图。

把握好话题的"方向盘"。

管理者要牢牢把握沟通的重点和目的，避免说废话或者铺垫太多无用的信息。

实践指导

金字塔表达结构

与新生代员工沟通，管理者可参考金字塔表达结构（如图 4-7 所示）。

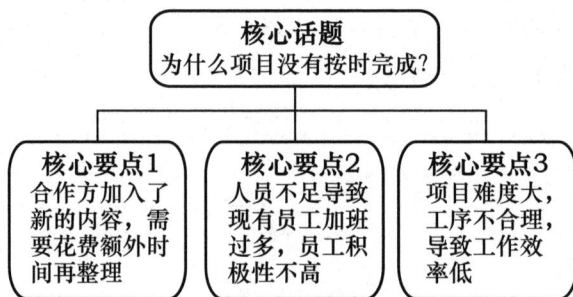

核心话题
为什么项目没有按时完成?

核心要点1	**核心要点2**	**核心要点3**
合作方加入了新的内容，需要花费额外时间再整理	人员不足导致现有员工加班过多，员工积极性不高	项目难度大，工序不合理，导致工作效率低

图 4-7 金字塔表达结构

4.3.3　有效称赞

管理问题

领导，您的称赞太敷衍了

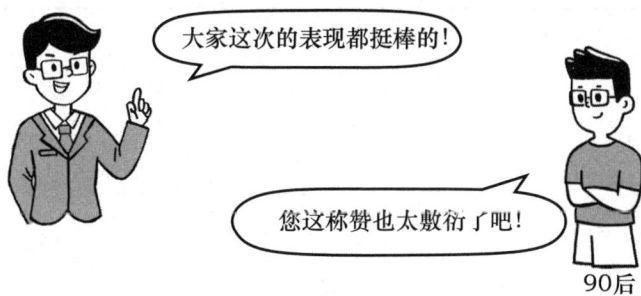

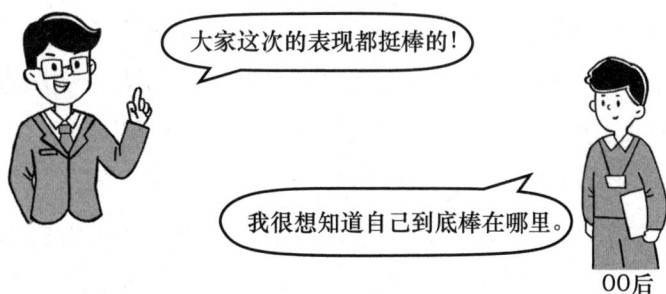

问题解析

新生代员工不喜欢敷衍的态度，即便是称赞，他们也拒绝敷衍。一旦新生代员工产生"领导这也太敷衍了""他只是象征性地称赞，其实并没有觉得我做得很好""他也就是意思一下，我根本不必当真"等想法，就背离了管理者称赞员工的初衷。

要想使称赞发挥实效，管理者应做到有效称赞，让新生代员工感到管理者真正将他们的工作结果看在眼里、记在心里，并真诚地表达赞美。

管理对策

有效称赞的 5 个要点

每个人都有获得称赞的心理需求。美国心理学家威廉·詹姆斯曾经说过："人性最深切的渴望就是获得他人的赞赏，这是人类之所以有别于动物的地方。"在职场上，称赞发挥着重要作用。一方面，管理者通过称赞激励员工努力工作；另一方面，称赞也能拉近管理者与员工之间的距离，营造融洽的工作氛围。

称赞也有技巧。例如，与"你做得很好"或"你做得挺不错的"相比，"我们的项目之所以能够顺利推进，按时完成，关键在于你的计划做得很好，而且你在项目出现阻碍时，能够迅速地找到原因，并及时做出调整"，这样的表述更能让员工感受到管理者是真的在称赞自己。

要做到有效称赞，管理者需要掌握 5 个要点。

第一，**称赞必须真诚**。管理者敷衍地称赞员工，很难触动对方的内心。

第二，**称赞必须具体、有依据**。管理者的称赞只是泛泛而谈或者没有依据，很难让员工信服。

第三，**称赞要恰如其分，不要夸大事实**。称赞员工需要实事求是，否则员工很难顺其自然地接受，反而会感到敷衍。

第四，**称赞要具有针对性**。管理者应根据不同员工的工作表现，给出有针对性的称赞，有效发挥称赞的价值。

第五，**称赞要有新意**。管理者应挖掘员工身上没有被注意到的优点，称赞要具有新意，不能千篇一律。

称赞要有依据，而不是管理者随口编纂的。

例如，员工没有取得过"业绩第一"的成绩，管理者却称赞该员工业绩常常获得第一，就会让员工觉得别扭，甚至会觉得自己被管理者讽刺。

称赞员工的行为或贡献比称赞员工本人要更有效。

例如，"你在工作上非常细心，把项目交给你我非常放心"，这种说法比"你还挺细心的"更有效。

适度引入第三方的称赞，让称赞更真实。

例如，管理者可以说："我们的合作方对你这次的工作大为赞赏，他们表示跟你沟通十分愉快，你处理问题也非常高效。"

实践指导
有效称赞的 4 种方式

称赞员工，管理者可参考以下 4 种方式（如图 4-8 所示）。

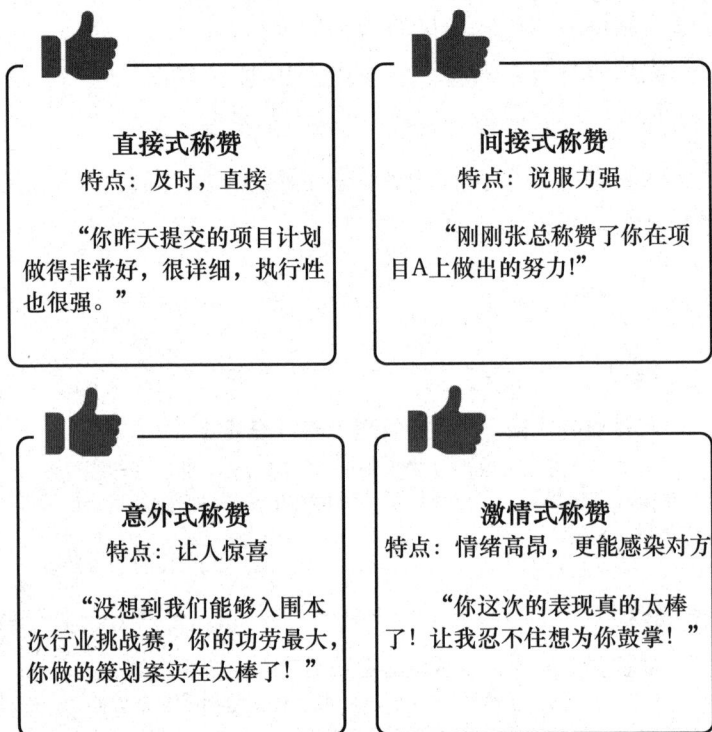

直接式称赞
特点：及时，直接

"你昨天提交的项目计划做得非常好，很详细，执行性也很强。"

间接式称赞
特点：说服力强

"刚刚张总称赞了你在项目 A 上做出的努力!"

意外式称赞
特点：让人惊喜

"没想到我们能够入围本次行业挑战赛，你的功劳最大，你做的策划案实在太棒了!"

激情式称赞
特点：情绪高昂，更能感染对方

"你这次的表现真的太棒了! 让我忍不住想为你鼓掌!"

图 4-8　有效称赞的 4 种方式

4.3.4　谨慎批评

管理问题

刚批评两句，员工就哭了

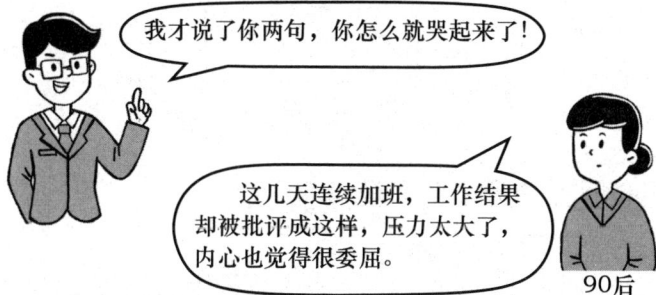

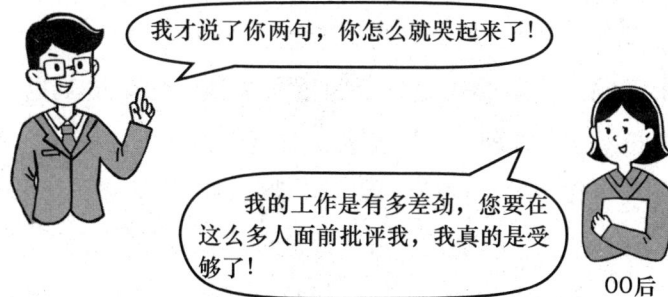

我才说了你两句，你怎么就哭起来了！

这几天连续加班，工作结果却被批评成这样，压力太大了，内心也觉得很委屈。

90后

我才说了你两句，你怎么就哭起来了！

我的工作是有多差劲，您要在这么多人面前批评我，我真的是受够了！

00后

> **问题解析**
>
> 　　面对管理者的批评，"90后"员工感到了压力和委屈，"00后"员工觉得丢了面子，最后都以"哭"的形式表现出来。从表面上看，这是因为新生代员工的抗压能力较弱，但实际上这是因为他们的自尊心较强。如果管理者批评的方式不恰当，就会伤害员工的自尊心，使他们产生挫败感，导致情绪崩溃。因此，管理者在批评新生代员工时一定要谨慎。

管理对策

批评员工前必须想清楚 3 个问题

　　批评是管理工作的一个重要组成部分。管理者在批评新生代员工时，要讲究方式方法。

　　要想做到谨慎批评，管理者需要考虑 3 个问题。

　　第一个问题：员工的失误是否为重大失误？ 如果员工犯了原则性错误，管理者必须立即处理，不可姑息，对其提出严厉的批评。如果员工的失误只是日常工作中常见的小纰漏，管理者则不宜采用严厉批评的方法，应先了解事情的经过，帮助员工分析原因并提出对策，要求员工下次注意即可。相较于严厉批评，温和地指点与教导会得到更好的效果。

　　第二个问题：员工是否恶意为之？ 如果一些工作失误是员工故意为之，那么管理者可以提出批评。相反，如果员工并非故意为之，管理者切忌挖苦、讽刺，不要以势压人，而要以理服人，以温和的态度、平等的身份与员工交流。

第三个问题：在什么场合处理这个问题？ 在员工犯重大错误时，管理者可以提出批评，但要注意选择合适的场合，最好在单独的办公室内进行。管理者切忌在公开场合随意批评员工。

🚫 管理者在批评员工时，不要进行人身攻击，不要涉及个人隐私，要就事论事。

例如，管理者切忌使用"你这智商……""就你这样的人……"等表述方式。

😊 管理者批评员工要尽量"对事不对人"，即多从事情本身找原因，少从个人找原因。

例如，管理者可以说："这次工作出现问题是因为当初在设计方案时考虑不周全……"而不能说："一看就是你当初做计划不细心……"

🌑 管理者批评员工时要关注员工的感受。

管理者最好选择私下批评，如无必要，尽量不要在公共场合责骂员工。

😉 管理者在批评员工后，应尽快（一两天内最好）与员工再次沟通。

一般来说，员工在被批评时都会出现负面情绪，这种负面情绪会在一两天后得到缓解，这个时候管理者要私下与员工再次沟通，帮助员工真正认识到自己的错误，并有效引导他们改正错误。

实践指导

有效批评的表述方式

有效批评员工，管理者可参考以下方式（如表 4-1 所示）。

表 4-1　有效批评的表述方式

	不适宜的表述方式	较好的表述方式
描述	"你的报告从未按时交给过我。"	"你周一才将报告交到我的手上。"
承认	"我非常生气。"	"我觉得有点沮丧，是出现什么问题了吗？"
具体化	"你没有一次是按时将数据报告交给我的。"	"我希望能在每周一上午 10 点之前收到你的数据报告，这样我才能及时安排好运营部的工作。"
总结	"你太拖拉了，一点都不认真！"	"你一直很留意细节，这一点我非常感谢，所以我们的工作很少出现失误。希望下周一上午 10 点之前，我能够收到你的数据报告，谢谢。"

第 5 章

柔性管理

5.1 人才赋能

5.1.1　尊重人的价值

管理问题

员工的想法简直太愚蠢了

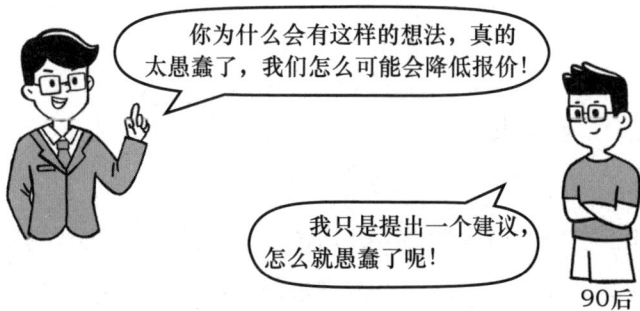

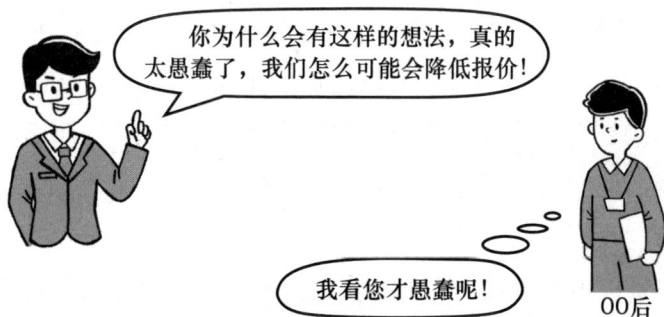

你为什么会有这样的想法，真的太愚蠢了，我们怎么可能会降低报价！

我只是提出一个建议，怎么就愚蠢了呢！

90后

你为什么会有这样的想法，真的太愚蠢了，我们怎么可能会降低报价！

我看您才愚蠢呢！

00后

问题解析

　　新生代员工的自尊心较强。当他们感觉自己的自尊心受到伤害时，就会产生抗拒心理。这种心理可能表现为直接反驳管理者，或者对管理者失望，不愿再服从管理，也可能表现为不想再为团队事务付出努力，对待工作敷衍了事。

　　一旦新生代员工出现这种状态，工作效率就会大打折扣，很难再为团队创造价值。因此，在与新生代员工的相处中，管理者一定要关注他们的自尊心，尊重人的价值。

管理对策

让员工感到自己受重视

　　新生代员工在成长过程中收获了较多的关注和爱。在职场中，他们同样希望被管理者重视，希望自己的工作能够得到正面、积极的评价。

　　从心理学的角度来看，当员工感到自己受重视时，他们会产生一种"组织心理所有权"，即员工感到公司或团队为他所拥有的一种状态。反过来看，组织心理所有权的产生可以使员工将团队视为自己的"家"，激发出员工的归属感和责任感。当员工将团队视为"我的"，他们就更愿意帮助团队发展。他们会对团队事务和团队未来更有兴趣，更愿意为团队的发展进言献策，而不仅仅将自己视为一名普通员工。

　　因此，管理者在工作中要充分重视人的作用，尊重人的价值，调动员工的积极性、主动性和创造性。

⚠️

重视员工的建议或意见。

例如，员工提议办公室需要更换一个新拖把，管理者重视并很快购置了它。

😃

让员工感受到自己的存在。

例如，在会议上，管理者要让每一个员工都有发言的机会，并对其发言做出反馈。

👍

积极肯定员工的价值。

例如，管理者可以这样说："我为你感到骄傲，你是我们团队中必不可少的一员！"或者这样说："你的存在对团队的发展非常重要，我们非常需要你！"

实践指导

尊重员工价值的 4 个 "不随意"

尊重员工的价值，管理者要注意以下 4 个 "不随意"（如图 5-1 所示）。

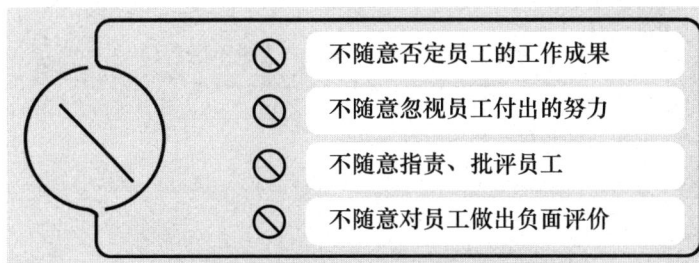

🚫	不随意否定员工的工作成果
🚫	不随意忽视员工付出的努力
🚫	不随意指责、批评员工
🚫	不随意对员工做出负面评价

图 5-1　尊重员工价值的 4 个 "不随意"

5.1.2 包容人的个性

管理问题

员工有个性、有想法,难管理

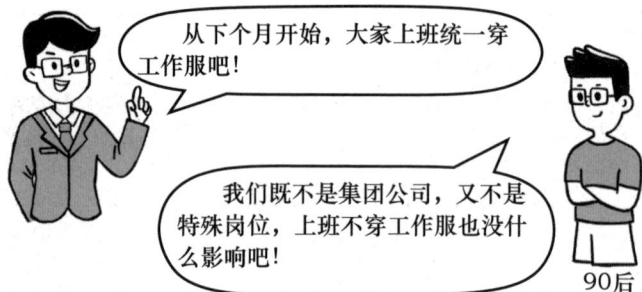

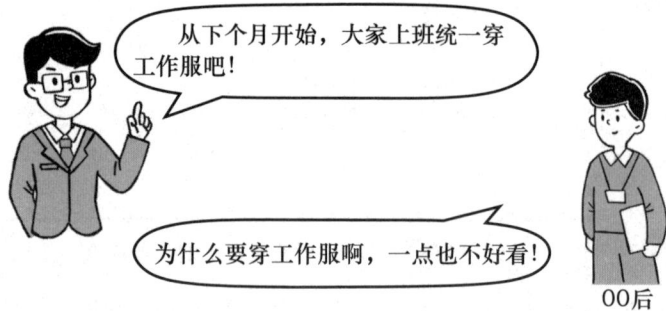

问题解析

　　面对管理者提出的统一穿工作服的要求，"90后"员工认为只要不影响工作，没必要统一着装；"00后"员工则认为不美观，也拒绝穿工作服。新生代员工个性张扬，有想法、有主见，他们会拒绝在他们看来不合理的要求。管理者应尽量包容新生代员工的个性，营造和谐的团队氛围。

管理对策
允许员工在工作中施展个性

　　新生代员工有个性、有想法、富有创造力，他们为企业发展带来了新的活力，但也给管理者带来不少挑战。在工作中，新生代员工不愿刻板地执行他人或者上级的命令。一些传统的管理方法和经验用在新生代员工身上有时会失灵。

　　英特尔公司创始人安迪·格鲁夫在其著作《格鲁夫给经理人的第一课》中提到："虽然我们真正追求的是组织整体的绩效，但这个整体绩效明显有赖于个体的工作技能以及是否卖命打拼。"组织发展离不开个体员工，企业能否提供包容员工个性的环境、发挥员工创意的平台，则反映出企业管理水平的高低。

　　在管理新生代员工的过程中，管理者不能将员工的个性视为"眼中钉"，而要积极地看待新生代员工的个性，允许他们在工作中施展个性，激发他们的工作动力。

> 👍 设立奖项，鼓励员工大胆创新。
>
> 　　例如，设立"立足岗位创新奖"，即使员工只是针对改进工作方法、优化管理流程提出了一些小想法，也可以获得奖励。

> ◎ 允许员工"先开枪，后瞄准"，允许员工试错，但不允许犯同样的错误。
>
> 　　例如，管理者可允许员工先按照自己的想法开展工作，允许员工犯错误，但是同样的错误不能再犯。

> ☯ 制定"包容失败，不降职降薪"的规则。
>
> 　　例如，管理者应鼓励员工大胆创新，让有个性、有想法的员工不怕犯错，甚至敢于犯错。

实践指导

与个性员工相处的 4 个技巧

　　管理者与个性员工相处，可使用以下 4 个技巧（如图 5-2 所示）。

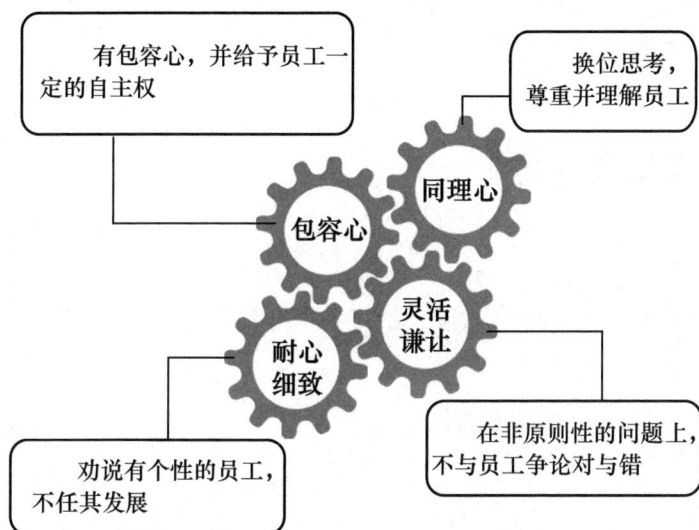

图 5-2　与个性员工相处的 4 个技巧

5.2 弹性制度

5.2.1 接受灵活性

管理问题

迟到扣钱，员工要求"包月"

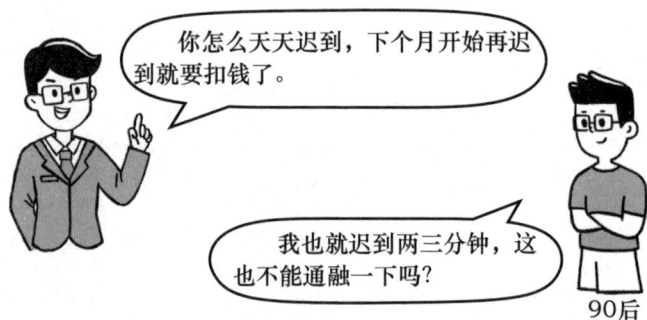

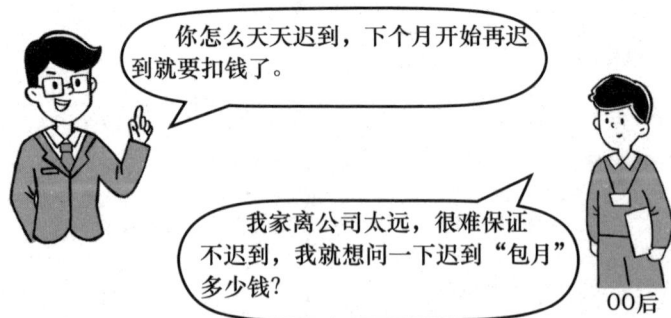

你怎么天天迟到，下个月开始再迟到就要扣钱了。

我也就迟到两三分钟，这也不能通融一下吗？

90后

你怎么天天迟到，下个月开始再迟到就要扣钱了。

我家离公司太远，很难保证不迟到，我就想问一下迟到"包月"多少钱？

00后

> **问题解析**
>
> 　　管理者提出"迟到要扣钱"，新生代员工"理直气壮"地表达了自己的意见。其实，扣钱并不是目的，管理者是想通过惩罚措施来约束员工迟到的行为。显然，这一做法并没有达到理想的效果，甚至有员工提出要"包月"迟到。可见，管理者想通过严格的制度规范新生代员工的行为，并没有效果。

管理对策

根据工作需求安排工作时间

　　新生代员工喜欢自由、不受束缚的工作环境。如果管理者用各种规矩框住一切"出格"的行为，只允许新生代员工在"框内"活动，可能会引起他们的逆反心理，管理者制定再多的行为规范也无济于事。

　　要想带好新生代团队，管理者应创建自由、灵活的工作环境。例如，针对新生代员工迟到的现象，管理者要充分了解他们迟到的原因——有的员工晚上工作效率更高，因此难以早起；有的员工居住地离公司太远，一旦堵车就会迟到；还有的员工因为临时有急事要处理，所以迟到。

　　管理者应根据员工的实际情况灵活处理。例如，根据工作性质，需要晚上工作的员工，管理者可以允许他们下午再去公司上班；居住地离公司较远的员工，管理者可以实行弹性上班时间，使他们错开"早高峰"时段；因为有急事迟到的员工，管理者可以适当宽容，并给予每个员工可免于惩罚的迟到次数。这种灵活性的安排既不会激起员工的负面情绪，也不会影响员工的工作效率。

根据员工的实际工作情况，灵活调整员工的上班时间。

例如，员工为了赶一个项目工作到晚上12点，管理者可以让该员工第二天下午再来上班。

建立灵活的调休制度，允许员工非繁忙时段自主安排休息。

例如，在项目结束后，管理者可允许员工自主安排时间调休。

根据员工的工作特点，制定弹性上班制度。

例如，居住地离公司较远的员工，在完成规定的工作任务或固定的工作时间长度的前提下，可以自主选择工作的具体时间。

实践指导

自我心理建设的 3 个步骤

为了更好地适应灵活的工作安排，管理者可参考以下 3 个步骤，进行自我心理建设（如图 5-3 所示）。

第 1 步：包容　　　　第 2 步：理解　　　　第 3 步：认同

"我一定要纠正我看不惯的员工行为吗？"

"我看不惯的员工行为（如迟到），影响到他的工作了吗？"

"员工有哪些优点呢？他为团队创造了哪些价值？"

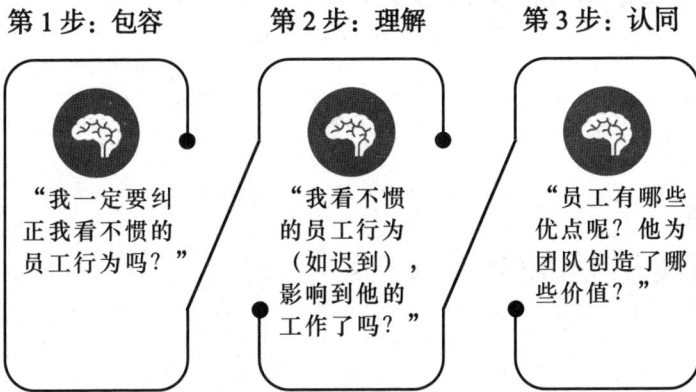

图 5-3　自我心理建设的 3 个步骤

5.2.2 "少"就是"多"

管理问题

员工对管理者询问工作细节很不满

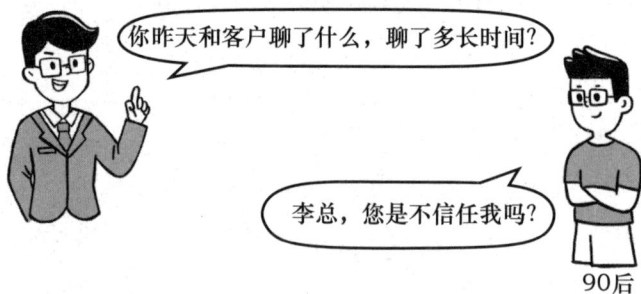

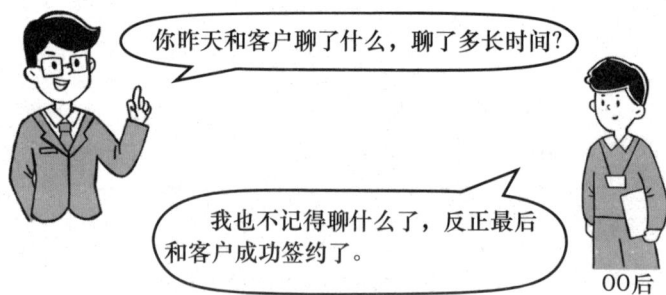

你昨天和客户聊了什么，聊了多长时间？

李总，您是不信任我吗？

90后

你昨天和客户聊了什么，聊了多长时间？

我也不记得聊什么了，反正最后和客户成功签约了。

00后

问题解析

　　一些管理者十分关注员工在上班时间具体做了哪些工作，但新生代员工并不喜欢这种被监管的感觉。如果管理者对他们工作中的每一个细节都要过问，他们会觉得自己不被信任。新生代员工希望有充分的个人空间。

管理对策

让员工有充分的空间去思考和创新

　　每一个员工都有自己的工作方式。在管理工作中，一些管理者会监督员工的工作，甚至想要知道员工在每个时刻都在做哪些工作，是否在认真工作。管理者还常常将自己与员工"捆绑"在一起，按照自己的喜好或习惯给员工提要求。这不仅会增加管理者自己的工作量，还会让员工失去自由发挥的空间，无法充分施展才能。

　　以销售团队为例，如果管理者过问销售员与客户相处的每一个的细节，就让会销售员有"管理者不信任我，他在监督我"的感觉，进而影响其工作积极性。新生代员工注重自由和个人空间，如果管理者每时每刻"盯着"新生代员工，就会令他们产生被监视和不被信任的感觉，也会给他们带来心理上的束缚。

　　管理的精髓在于"管头管脚"，而不是"从头管到脚"。管理者要抛开随时"盯着"员工的想法，为他们提供自由思考和创新的空间，多关注工作结果而不是工作细节。

🚫

遵循"只安排工作内容，不干涉具体做法"的原则。

　　管理者向员工布置工作时，要将重点放在工作内容上，无须告诉员工完成工作的方法或细节，让员工自由发挥。

🔭

　　不要时时刻刻关注员工在做什么，尽量只在关键节点与员工对接。

　　例如，管理者在客户同意合作、双方签约时，与员工对接工作。

⏰

　　在计划时间内，允许员工按照自己的工作节奏完成项目。

　　例如，有的员工在项目的前期阶段比较散漫，但是后期节奏较快。管理者不要打乱员工的工作节奏，在前期就不断地催促员工，这样很容易给员工造成压力。

☑️

　　允许员工按照自己的方法完成工作。

　　例如，有的员工喜欢先处理较容易的工作，再处理较难的工作，管理者不必要求员工按照自己的思路完成工作。

实践指导

关注工作结果的 3 个维度

　　管理者可从以下 3 个维度关注员工的工作结果（如图 5-4 所示）。

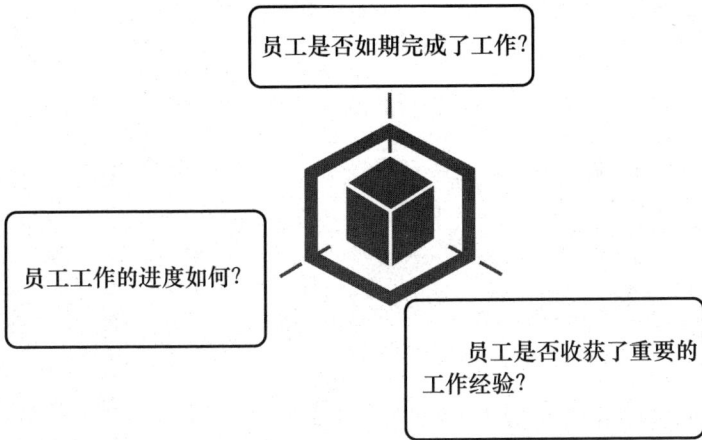

图 5-4　关注工作结果的 3 个维度

第 6 章

绩效提升

扫码收听　团队管理精品课程

团队目标与计划

卓越领导者的五项行为

6.1 工作安排

6.1.1 人尽其才

管理问题

让不擅长交流的软件工程师做软件销售员

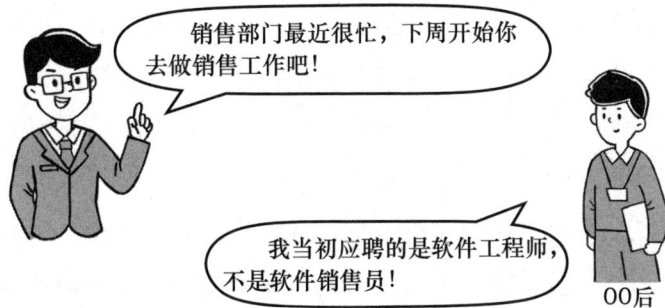

销售部门最近很忙，下周开始你去做销售工作吧！

我是软件工程师，而且我的性格比较内向，不太爱跟别人交流，做销售员恐怕难以胜任吧！

90后

销售部门最近很忙，下周开始你去做销售工作吧！

我当初应聘的是软件工程师，不是软件销售员！

00后

问题解析

管理者将原本在软件工程师岗位的员工临时安排到销售岗位，遭到了新生代员工的抗拒。管理者犯了一个典型的错误——人岗不匹配，即让不擅长交流的软件工程师去做软件销售员。这种安排难以充分发挥员工的价值，结果可能是软件工程师因不满调岗而离职，也可能是软件工程师服从调岗，但业绩很不理想。

管理对策
根据专长使用人才

新生代员工具有较高的专业素养，学习能力强，容易接受新鲜事物。对团队来说，这些优势均是有价值的资源。管理者在安排工作时，应结合每个员工的专长进行人员调配，争取做到人尽其才。

在管理学中，人岗匹配是对人力资源进行有效配置的基础。只有员工具备的能力达到岗位的要求时，才能更好地胜任工作，发挥出自身最大价值。相反，如果人岗不匹配，一方面，员工难以胜任工作，无法取得理想的业绩；另一方面，也会给企业增加负担，影响团队绩效。

曾任美国通用电气公司董事长兼 CEO 的杰克·韦尔奇曾说："在正确的岗位上找到正确的人去做事，比开发一项战略要重要得多。"

由此可见，人岗匹配对企业发展至关重要。在工作中，管理者要坚持人岗匹配、人尽其才的原则，做出合理的工作安排，避免出现员工和岗位"乱搭""混搭"的情况。

让性格内向、不善沟通的员工从事独立型的工作，让性格外向、喜欢合作的员工从事协作型的工作。

让员工充分发挥专业能力，尽量不让员工从事跨专业的工作。

了解员工的想法，不勉强员工从事他不喜欢或不擅长的工作。

实践指导

识别高潜力人才的 4 个要素

识别高潜力人才，管理者可参考以下 4 个要素（如图 6-1 所示）。

专业性 ●专业对口，能够很好地胜任本职工作 ●办事高效，不拖拉	**学习能力** ●在本职岗位上不断学习、精进，锤炼自己的技能
格局 ●拥开阔的眼界和宽广的胸怀	**韧性** ●吃得了苦，受得了挫折，不轻言放弃 ●遇事不抱怨，主动寻求解决办法

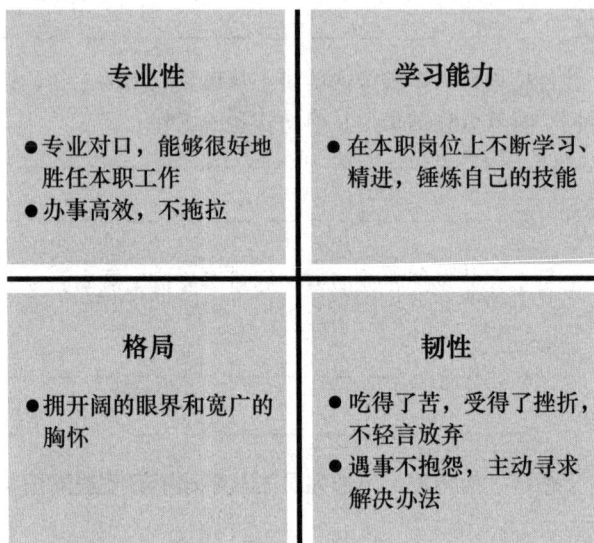

图 6-1　识别高潜力人才的 4 个要素

6.1.2　员工建言

管理问题

员工拒绝完成领导安排的工作

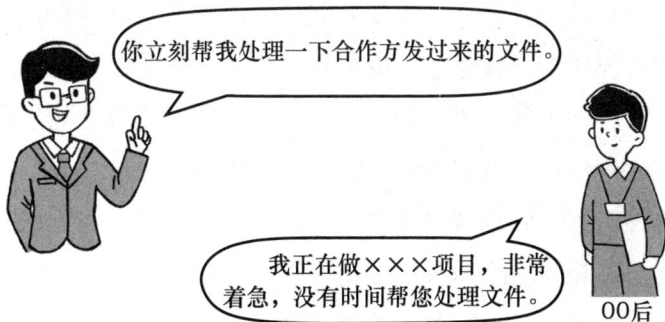

你立刻帮我处理一下合作方发过来的文件。

张总，我手头上的工作挺忙的，也很重要，我现在没有时间处理别的事情！

90后

你立刻帮我处理一下合作方发过来的文件。

我正在做×××项目，非常着急，没有时间帮您处理文件。

00后

问题解析

面对管理者临时提出的工作要求,新生代员工没有顺其自然地接受,而是考虑到自己当前工作的进展而拒绝。

新生代员工比较有主见,等级观念较弱,他们不会把管理者的话当作"圣旨",也会拒绝在他们看来不合理的工作安排。因此,管理者与新生代员工沟通时,要谨慎使用下命令的方式,尽可能地征求员工的意见,再做安排。

管理对策

邀请员工参与工作安排的讨论

一些管理者认为,员工在工作时间内都要执行自己的命令。拥有这种想法的管理者往往难以和新生代员工和平相处,甚至会产生矛盾。

面对不合理的工作安排,新生代员工会直接表达自己的想法,拒绝接受管理者的命令。这显然不是管理者布置工作的本意。

面对这种情况,管理者可以采用员工建言的方式。一方面,管理者可以主动征求员工的意见,表明自己重视"员工的声音",让员工感受到他在团队中的存在感。另一方面,管理者在给新生代员工安排工作时,要先了解他们当前的工作情况,并对工作安排进行讨论,切不可直接下命令。

布置任务时先征求员工意见，而不是直接下命令。

例如，管理者可以这样问："你现在有时间帮我处理一个很紧急的文件吗？"或者这样问："我有一项很着急的工作，你能抽出些时间帮我处理一下吗？"

当员工以"没有时间"为理由拒绝工作安排时，管理者要表示理解。

例如，管理者可以说："你先忙你的，等你忙完再说。"或者这样说："没事，你先把手头的事情做好！忙完后你可以找我一下，我们再商量。"

尊重并接受员工对工作安排的想法或建议。

例如，员工说："完成这项新工作大概耗时两天，那么我将原计划推迟两天，行吗？"管理者要尊重并接受员工的建议，然后根据任务的紧急程度调整工作安排。

实践指导

有效安排工作的 4 个技巧

有效安排工作，管理者可使用以下 4 个技巧（如图 6-2 所示）。

不在临下班时安排新的工作

和员工一起确定工作截止时间

详细说明工作要求和注意事项

表明自己会辅助员工完成新工作

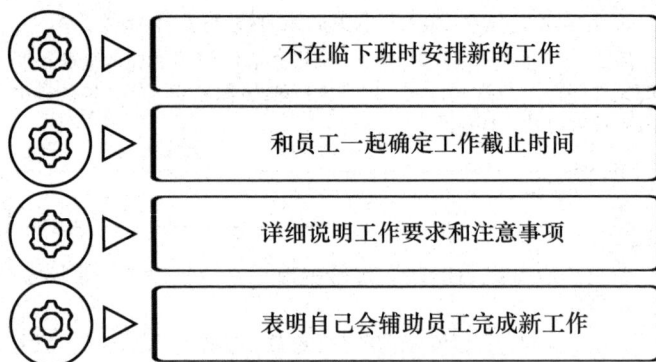

图 6-2　有效安排工作的 4 个技巧

6.2 工作布置

6.2.1 讲明白

管理问题

如何让员工快速了解任务

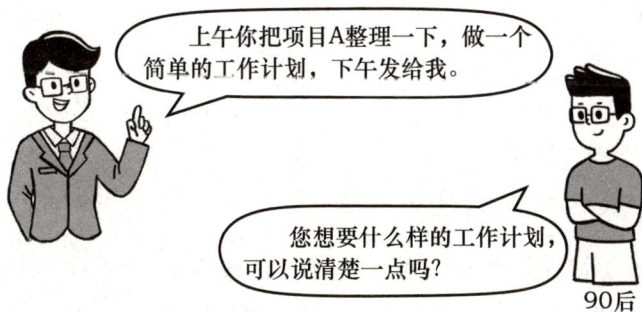

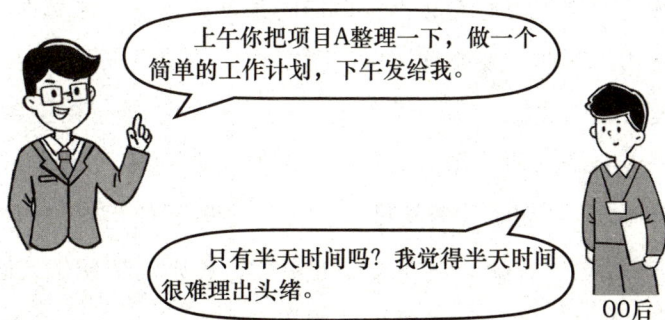

问题解析

　　管理者布置工作时，因为双方信息不对称，所以很容易出现管理者认为自己说明白了，但是员工并没有听明白的情况。这种情况被称为"沟通漏斗"，即人与人在沟通时信息量层层递减的现象。例如，当事人头脑里的内容是100%，用语言表述出来可能只有80%的内容，而对方听到的时候会再次过滤，可能只剩下60%的内容，最后，对方又加以自己的理解，可能只有40%的内容被成功接收。要想避开"沟通漏斗"，管理者在布置工作时一定要把具体要求讲明白。

管理对策
布置工作的3个"定"

　　为了让员工快速地了解任务，管理者在布置工作时，一定要做到以下3个"定"，即定目标、定责任人和定完成期限。

　　定目标，即这项工作要达到什么样的条件或指标，才算作完成。 管理者向员工交代工作时，要明确完成这项工作必须达到的几点要求，让员工清楚地知道自己需要做好哪些工作。

　　定责任人，即这项工作由谁负责，需要向谁汇报。 管理者在布置工作时可以告知员工："你跟我对接即可，工作中遇到任何问题，可以随时跟我沟通"。如果管理者并非这项工作的负责人，则需要明确告知员工对接人是谁。

定完成期限，即这项工作的完成时间或阶段性的时间节点。例如，管理者在布置工作时可以对员工说："这项工作最迟要在 8 月 5 日提交。"如果是阶段性提交，管理者则需要说明每一阶段的提交时间。

请员工复述工作要求和注意事项。

例如，管理者可以说："请你将我刚刚说的几个要点复述一下。"或者这样说："请你复述一下完成这项工作要注意哪些问题。"

再次确认员工是否明确工作要求。

例如，管理者可以说："现在你已经十分清楚这项工作的要求了，是吗？"或者这样说："关于如何完成这项工作，你还有什么疑问吗？"

别忘记向员工要承诺，提高员工完成工作的决心。

例如，管理者可以说："那我们就这样说定了！行吗？"

实践指导

有效布置工作的 4 个步骤

有效布置工作，管理者可参考以下 4 个步骤（如图 6-3 所示）。

| 第1步
介绍任务 | 介绍任务的背景和大概情况，为什么要做这项任务，以及完成这项工作意义价值是什么。 |

| 第2步
明确要求 | 明确这项工作的目标、结果、期限及工作成果的评价标准等问题。 |

| 第3步
让员工制订
工作计划 | 强调工作的重点和难点，引导员工思考完成该工作任务可能需要的资源、权限、支持等，并制订工作计划。 |

| 第4步
要求员工做
工作汇报 | 管理者要与员工约定汇报的时间、方式、内容等细节。 |

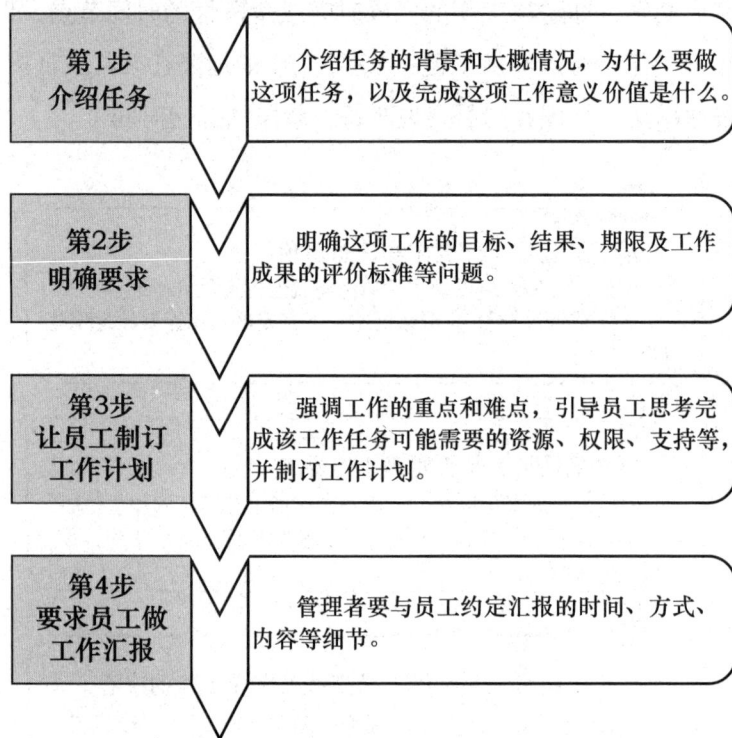

图 6-3　有效布置工作的 4 个步骤

6.2.2　给指导

管理问题

如何让员工快速启动任务

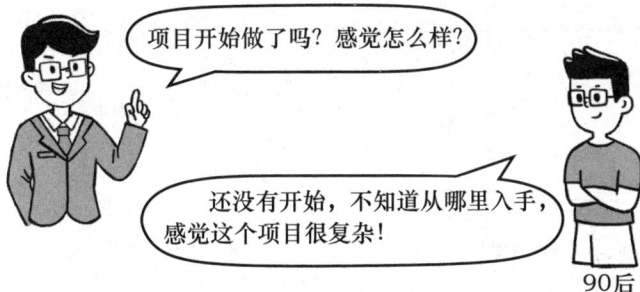

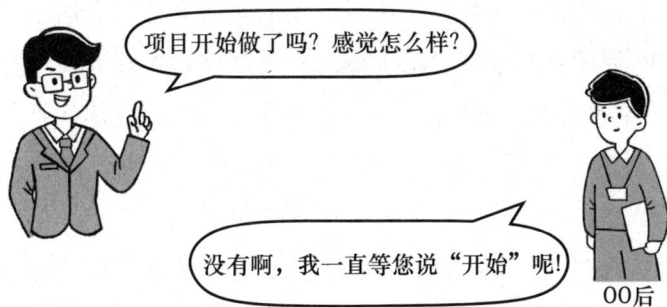

问题解析

　　管理者询问"项目开始做了吗"，"90后"员工因为没有头绪，不知道如何开始；"00后"员工则是在等待管理者说"开始"。无论是哪种情况，背后的原因都是员工缺乏主动性。因此，管理者要在布置工作时做好指导，一方面，帮助员工理清工作内容，使其快速进入工作状态；另一方面，也要给予员工一定的压力，推动他们快速启动工作。

管理对策

指导工作的3个"告诉"

　　对员工即将启动的工作进行指导，是管理者布置任务时一个非常重要的环节。一些管理者在指导员工工作时，常常会陷入以下误区。

　　误区一："命令式"指导。即管理者在员工面前摆架子，以命令的口吻直接要求员工先做什么、后做什么，但是并没有告诉员工为什么这样做。

　　误区二："模板式"指导。即管理者凭经验办事，盲目要求员工按照"模板"开展工作。

　　误区三："包揽式"指导。即管理者大包大揽，认为员工不如自己做得好，于是全权代劳。

　　误区四："甩手式"指导。即管理者缺乏责任心，不担当、不作为，指导工作时只是简单嘱咐员工两句。

有效的工作指导要做到 3 个"告诉",即告诉背景、告诉思路、告诉标准。

1. 告诉背景。管理者要告诉员工"这项工作的合作方是谁""合作方有什么特点""为什么要做这项工作"。

2. 告诉思路。管理者要告诉员工"如何开始这项工作""先做什么,后做什么""完成这项工作的过程中需要和哪些人对接"。

3. 告诉标准。管理者要告诉员工"完成这项工作有什么要求""这项工作要达到哪些指标""这项工作要做到什么程度才是合格的"。

跟员工讲清楚需要完成哪些事情。

管理者布置工作之后,要让员工复述一遍,确保员工接收到的信息与自己所传达的一致。

询问员工完成此事的目的是什么。

如果员工回答错误,管理者应将正确目的告知员工,确保工作过程中不偏离方向。

询问员工是否知道工作过程中哪些事情可由自己决定,哪些事情需向上级领导汇报。

如果员工回答错误或者有遗漏,管理者应将正确情况告知员工,减少工作过程中"绕弯路"的情况。

实践指导
指导员工工作的 5 个步骤

指导员工工作时,管理者可参考以下 5 个步骤(如图 6-4 所示)。

第1步，做好铺垫

例如，管理者可以说："我们现在讨论一下×××工作。"

第2步，达成共识

例如，管理者可以说："我们现在的主要任务就是解决×××问题，对吧？"

第3步，探索各种可能性

例如，管理者可以说："你觉得要想解决×××问题，有什么好办法呢？"或者这样说："要想解决×××问题，你觉得我们先要思考哪些问题？"

第4步，就行动计划达成共识

例如，管理者可以说："我们就按照×××方案开始工作，大家都同意吧？"

第5步，跟踪并认可员工取得的进步

例如，管理者可以说："你这几天的工作做得很好，就按这个标准继续推进后面的工作吧！"

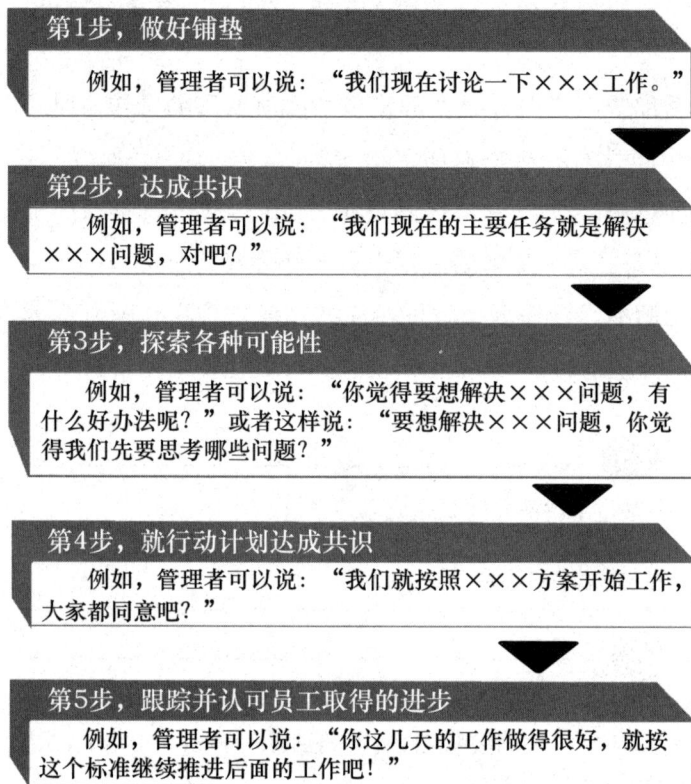

图 6-4　指导员工工作的 5 个步骤

6.2.3　要承诺

管理问题

任务指标太高，员工认为无法完成

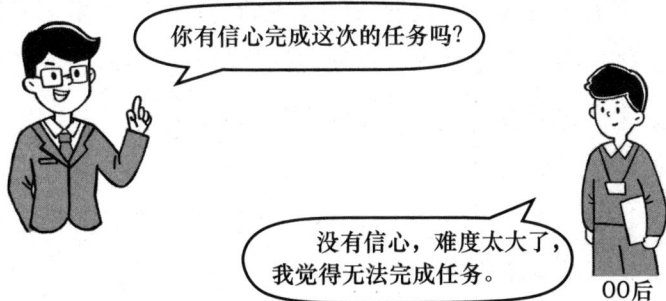

问题解析

　　新生代员工非常重视个人价值的实现，喜欢具有挑战性的任务，但在较大的困难面前，他们也会产生畏惧心理。在这种矛盾心理下进入工作状态显然是不利的。

　　管理者在布置任务的时候，不能简单地询问"你有信心完成这次的任务吗"，而是应该通过向员工"要承诺"的方式，帮助员工缓解压力，增强员工完成任务的信心。

管理对策

"要承诺"的3个"坚持"

　　心理学中有一个"承诺和一致"原理，即人人都有一种言行一致的意愿，或者使自己显得言行一致的意愿。人们一旦做出承诺，行动就会不自觉地与所承诺的内容保持一致。即便做出承诺时很艰难，或者明知承诺是错的，人们还是会努力保持行为与承诺的一致性。

　　管理者在布置任务时，可以通过向员工"要承诺"的方式提高员工的主动性。一旦员工做出承诺，他就会为了兑现承诺而做出相应的行为。

　　管理者在"要承诺"时，常常陷入一些误区。例如，管理者认为员工做出承诺是理所应当的，在员工抱怨工作难度大时降低要求，强制员工做出他不认同的承诺，等等。这些承诺都是无效的。在向新生代员工"要承诺"时，管理者要做到3个"坚持"，即**坚持理解、坚持不变、坚持认同**。

坚持理解：理解员工可能会面临的巨大压力或者困难。

例如，管理者可以说："我理解这项工作有难度，会给你带来一些压力……"或者说："我知道这个项目并不轻松，完成起来会有一定的困难……"

坚持不变：不因员工抱怨工作难度大而更改计划或者降低难度。

例如，管理者可以说："虽然这项工作有压力，但是交给你我非常放心，我相信你能完成好！"或者说："虽然这个项目难度大，但是只有你能完成好！"

坚持认同：确保员工做出的承诺是其认同的。

例如，管理者可以说："这项工作交给你，可以吗？"或者说："这个项目由你来完成，你有信心吗？"

实践指导

员工承诺书示例

管理者要求员工做出承诺时，可以让员工写下书面承诺书，示例如下。

员工 ××× 项目承诺书

为了能够如期完成 ××× 项目，本人在工作中，自愿签订并遵守以下承诺：

1.

2.

3.

承诺人：

承诺时间：

6.3 工作辅导

6.3.1 我示范，你观察

管理问题

员工很想把工作做好，但能力不足

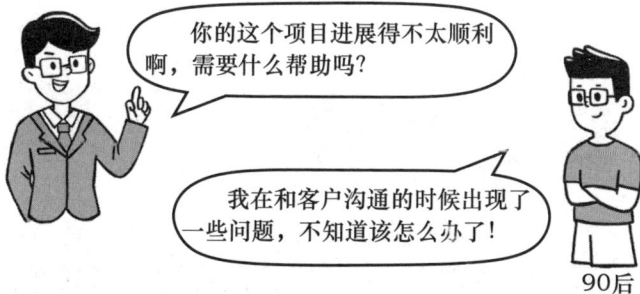

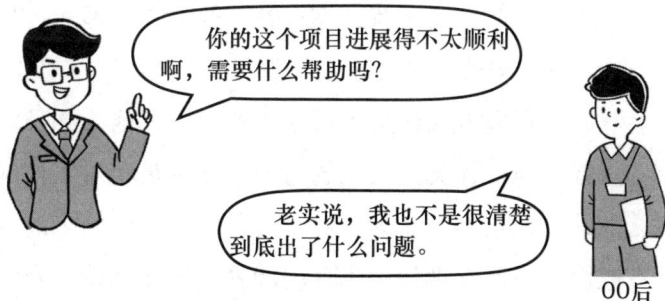

问题解析

　　一些新生代员工虽然很想把工作做好，但是因为自身能力不足，导致工作无法顺利进行。他们在工作中常常感到迷茫，遇到困难和挫折时不知所措，问题难以顺利解决。与此同时，他们对工作尽职尽责的态度使他们比其他员工付出更多的努力，但收效甚微。这种挫败感会不断消磨他们的信心，给他们带来负面的影响。因此，管理者一定要对这类员工进行辅导，帮助他们克服工作难关，树立工作信心。

管理对策

示范型辅导：监督、把控

　　"工作意愿高，但工作能力不足"的新生代员工，其典型表现是：他们很想把工作做好，但因能力有限而无法顺利展开工作。针对这类员工，管理者在辅导时可以采取"我示范，你观察"的方式，即通过自己操作或演示，让员工学习。如果管理者能亲自带领员工一起工作，效果会更好。

　　向员工示范后，管理者应让员工根据示范再做一遍，并且对员工进行监督、把控。监督，即全程关注员工的每个动作及员工对工作的理解；把控，即纠正员工的错误或不当行为。对于可能影响工作结果的细节，管理者一定要严格把控，一旦发现员工出现问题就要再次示范、及时纠正。例如，当员工欠缺完成工作的某项能力或技巧时，管理者要给出清晰的指示；当员工某个流程操作失误时，管理者要立即指出并要求其改正。同时，管理者在指导员工工作时，要不断回顾目标，确保工作的方向正确。

通过提问，了解员工遇到了哪些困难。

例如，管理者可以这样问："是什么阻碍了你？"或者这样问："你平常是怎样完成这项工作的？"

鼓励员工作出反馈，了解员工的接受程度。

例如，管理者可以这样问："我讲清楚了吗？对你有帮助吗？"或者这样问："你看了我的示范后，有什么启发呢？"

引导员工复述操作流程或者步骤。

例如，管理者可以这样问："你可以说说我刚才都做了哪些工作，先后顺序是什么吗？"或者这样问："你可以总结一下做这项工作都有哪些要点吗？"

实践指导

示范前的 3 个关键步骤

管理者向新生代员工做示范前，可参考以下 3 个关键步骤（如图 6-5 所示）。

◆ **营造信任的氛围**

◆ 释放善意，让员工知道你是来帮助他的。

◆ 例如，管理者可以说："不用担心，我们一起来解决这个问题！"

◆ **确认辅导目标**

◆ 重点了解员工在哪里遇到障碍，导致项目无法顺利进行。

◆ 分清主次，合理安排需要辅导的目标。

◆ 例如，管理者可以说："你在哪里遇到了问题，导致项目无法进行下去呢?

◆ **做好辅导面谈**

◆ 营造轻松的面谈气氛，让员工敢开心扉。

◆ 使用肯定的语气，帮助员工树立信心。

◆ 管理者可以说："你前面的工作都做得挺好，这里之所以会出现问题，是因为……"

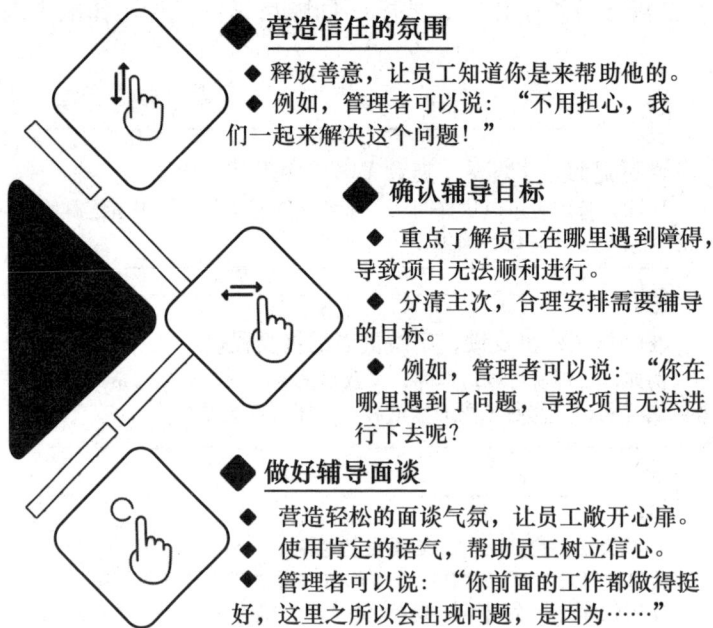

图 6-5　示范前的 3 个关键步骤

6.3.2　你试做，我指导

管理问题

员工有一定的能力，但不愿意做

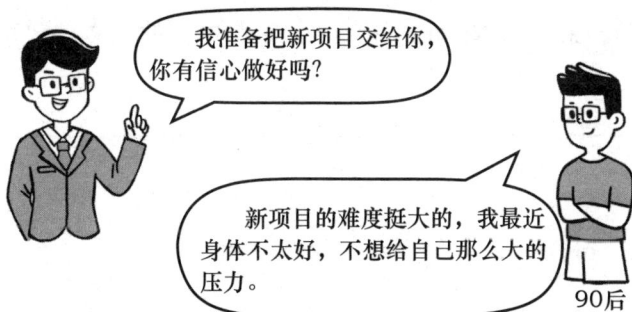

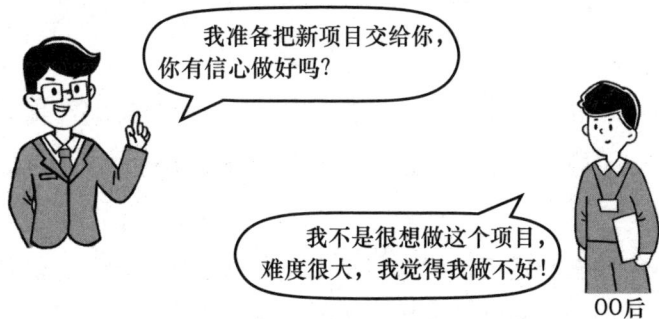

问题解析

面对管理者询问"是否有信心做好新项目"，"90后"员工以自己身体不太好为由推脱，"00后"员工则以项目难度大，自己无法完成为由推脱。在团队中，一些新生代员工虽然有不错的工作能力，但不会因为是管理者交代的任务就被动接受。

面对这种情况，管理者要注意区分员工到底是能力不足，还是工作意愿不足。如果是能力不足，管理者应重点帮助他们提高工作能力。如果员工有能力，但是工作意愿较低，那么管理者要做好支持型辅导，即采用"你试做，我指导"的方式，帮助员工快速进入工作状态。

管理对策

支持型辅导：引导、支持

从心理学的角度来看，每个员工的外在表现都与两个内在因素相关：一是能力，二是意愿。能力是指员工能否做好工作；意愿是指员工是否愿意做好工作。

在团队中，有一定工作能力但是工作意愿不强的员工有很多。他们具备良好的工作能力和过硬的专业素质，但是因为工作意愿较低而不愿意发挥出自己的潜能。

现代管理学之父彼得·德鲁克在一篇题为《他们不是雇员，他们是人》的文章中指出："对于任何组织而言，伟大的关键在于寻找人的潜能，并花时间开发潜能。"这一点正是支持型辅导的本质,即在充分相信员工潜能的基础上,引导他们改变思维和行为,激发他们的自驱力和责任感。

支持型辅导是指管理者作为主导者或引导者,不直接说出具体的解决方法,而是通过有效地指导、提问或者其他辅导方式促使员工思考,进而激发员工的学习兴趣和主动性,带领员工一起分析和解决问题,并在员工需要时给予帮助和支持。

支持型辅导有很多特点:从行为上看,支持型辅导的特点是低指挥、高支持,即管理者尽可能地少监督、多辅助;从沟通上看,管理者要做到多问、少说,即多了解员工的想法和意见。

客观评价员工的工作技能,帮助员工树立信心。
例如,管理者可以说:"你在挑战高难任务上的能力向来让我赞叹……"

与员工一起寻求解决问题的办法,引导员工思考。
例如,管理者可以说:"你认为要想做好这项工作,我们第一步要做什么呢?"

指导员工解决问题,并开展工作。
例如,管理者可以说:"我们现在尝试做做看!你先……然后再……"

在员工试做的过程中及时给予指导、反馈。
例如,管理者可以说:"你做得很好,但是在×××处还可以处理得更好。"

鼓励员工复盘，在错误和失败中成长。

例如，管理者可以说："你可以总结一下自己在这次工作中遇到了哪些问题，是由什么原因造成的，以及这些问题是如何解决的。"

提供信息、建议，鼓励员工独立解决问题。

例如，管理者可以说："你可以从×××角度思考一下这个问题，或许会对你的工作有一些启发"

实践指导

提问工具之 GROW 模型

管理者在与新生代员工沟通时，可使用 GROW 模型（如图 6-6 所示）。

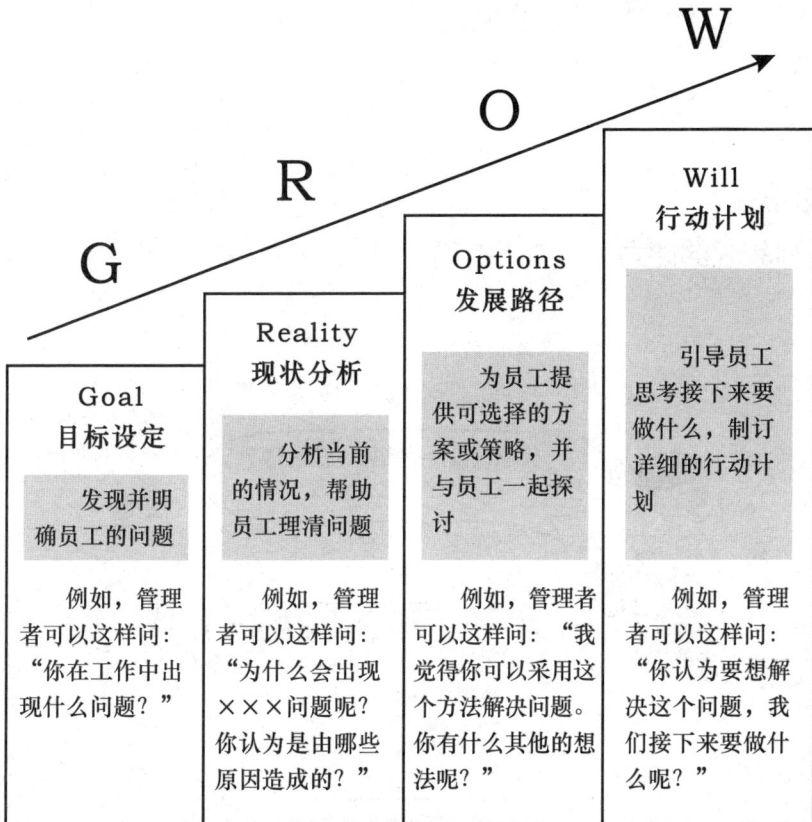

图 6-6　GROW 模型

6.3.3 你汇报，我跟踪

管理问题

员工有较强的能力，但不听指导

你应该按照小张的方法做这个项目，我觉得这里你也要改一下……

我已经做过很多类似的项目，小张的方法不一定适合我，请您放心地把项目交给我。

90后

你应该按照小张的方法做这个项目，我觉得这里你也要改一下……

李总，项目方案我们之前已经确定了，您这样改我又要重头再来！

00后

问题解析

  一些新生代员工工作能力强，工作意愿也比较高，能够很好地完成工作任务。这类员工不喜欢过多地被干涉，如果管理者以"指导"的名义"插手"他们的工作，会让他们感到自己不被管理者信任，产生消极的工作情绪。对于这类新生代员工，管理者要学会放手，不要处处盯着他们的工作，否则可能会适得其反。

管理对策

授权型辅导：信任、授权

  工作能力强且工作意愿高的新生代员工是团队的"财富"，他们对所负责的工作有很高的积极性，并且充满信心，工作起来得心应手。这类员工也很注重自身潜能的发挥，希望可以在工作中尽情地展示自己的才华，实现自身的价值。对于这类员工，管理者要做到放手，进行授权型辅导。

  授权型辅导是指管理者将更多的权力赋予员工，放手让员工独立完成工作，但是目标的最终决定权在管理者手上。在授权型辅导中，管理者应做到"员工汇报，自己跟踪"，这样既能让员工感受到重视和信任，又能减轻管理者的压力，让管理者有更多的时间处理其他重要的工作。

  授权型辅导有很多特点：从行为上看，授权型辅导的特点是低指挥、低支持，即管理者要尽可能地少监督、多辅助，鼓励员工自己去解决问题；从沟通上看，管理者要重视双方交流，在员工汇报工作时及时做出反馈。

⏰ 布置任务时只说明时间期限和期望结果，对于如何达成目标不作或少作指示，给予员工更多的自主权。

例如，管理者可以说："我希望你能在月末交给我一个完整的策划方案，包括……至于如何分配时间，由你自己控制。"

◎ 与员工一起界定问题、商定目标，提高员工的参与感。

例如，管理者可以说："你认为这个项目最大的难点是什么？"

📄 员工汇报工作时，管理者要简洁明了地给出有效反馈。

例如，管理者可以说："你做得很好，但是要注意两点。第一点……第二点……"

🎯 不要频繁询问员工的工作进度，只在重要节点跟进。

例如，管理者可以说："这个项目就交给你了，放手去做吧！我们每周一上午沟通一下进度。"

实践指导

跟踪关键节点的 4 个技巧

管理者应在关键节点跟踪员工的工作进度，具体可使用以下 4 个技巧（如图 6-7 所示）。

关注员工是否如期完成（或者阶段性完成）该任务

了解员工是否在完成任务的过程中遇到困难

关注员工是否需要管理者提供有价值的经验

询问员工是否可以自主完成下一阶段的工作，如果需要帮助，询问员工需要哪些帮助

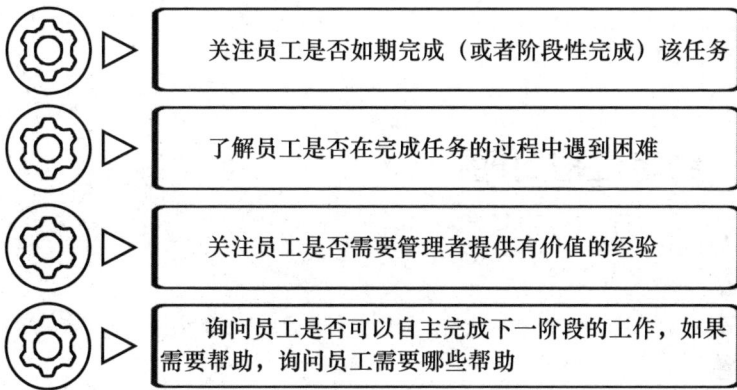

图 6-7　跟踪关键节点的 4 个技巧

167

6.4 工作汇报

6.4.1 约定汇报周期

管理问题

员工经常不主动汇报工作

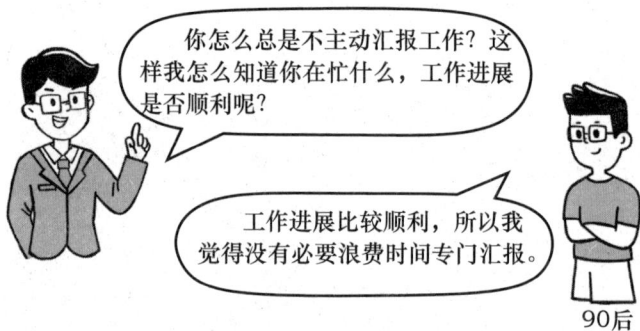

问题解析

　　职场中有很多新生代员工不愿意主动汇报工作，甚至拒绝汇报工作，他们认为向领导汇报工作是一种传统的权威式管理，是对自己的束缚。究其根源，这是因为他们没有认识到工作汇报的意义。针对这种情况，管理者可以通过规定工作汇报时间、内容等方式帮助新生代员工认识到工作汇报的重要性，培养他们主动汇报工作的习惯。

管理对策

和员工约定工作汇报的周期

　　在团队管理工作中，一方面，管理者经常担心无法掌握员工的工作进度；另一方面，不少新生代员工对工作汇报的理解也不深刻，他们认为工作汇报就是描述自己做了什么以及当前的工作进度如何。其实，管理者更关心的是项目进度与预计进度相差多少，遇到了什么难处，需要得到什么支持，后面的项目规划是什么，下次什么时间需要汇报项目情况，等等。

　　从新生代员工的角度来看，工作汇报不仅仅是让管理者知道自己做了什么，更重要的是得到管理者的支持，进而更好地完成项目。

　　一般来说，新生代员工不主动汇报工作的原因有以下两个。

　　第一个原因：害怕与管理者打交道。尤其是在管理者没有事先约定就突然要求他们汇报工作时，他们会逃避汇报工作这件事。

　　第二个原因：不知道什么时间汇报工作。这类员工不知道什么情况下需要汇报，什么时间应该汇报。

遇到不愿意主动汇报工作的员工，管理者首先要了解背后的原因，然后根据具体情况与其约定工作汇报的周期，并且督促其主动汇报工作。

与员工约定工作汇报的周期。

例如，每3天汇报一次，每次在下班前30分钟汇报；在每周一的晨会上汇报工作进度。

编制工作进度计划表，明确工作汇报的时间节点。

例如，在工作进度计划表的最后一栏备注每一阶段工作的汇报时间点。

在时间节点到来之前，提醒员工做好工作汇报的准备。

例如，管理者可以说："小李，我们之前约定周三下午3点汇报工作，你要做好准备了！"

通过制度、奖励等方式帮助员工养成主动汇报工作的习惯。

例如，在管理制度中明确规定员工要定期主动汇报工作；设置"主动汇报工作"奖金，奖励员工积极汇报。

实践指导

约定工作汇报周期的 3 种方式

管理者在与员工约定工作汇报周期时，可使用以下 3 种方式（如图 6-8 所示）。

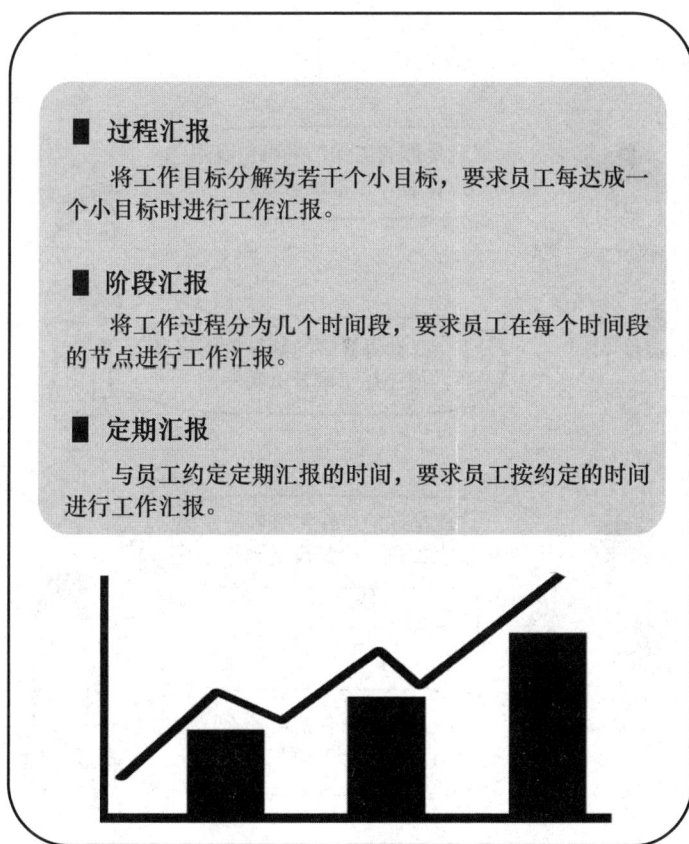

■ **过程汇报**

将工作目标分解为若干个小目标，要求员工每达成一个小目标时进行工作汇报。

■ **阶段汇报**

将工作过程分为几个时间段，要求员工在每个时间段的节点进行工作汇报。

■ **定期汇报**

与员工约定定期汇报的时间，要求员工按约定的时间进行工作汇报。

图 6-8 约定工作汇报周期的 3 种方式

6.4.2　明确汇报要求

管理问题

员工不能清晰地汇报工作

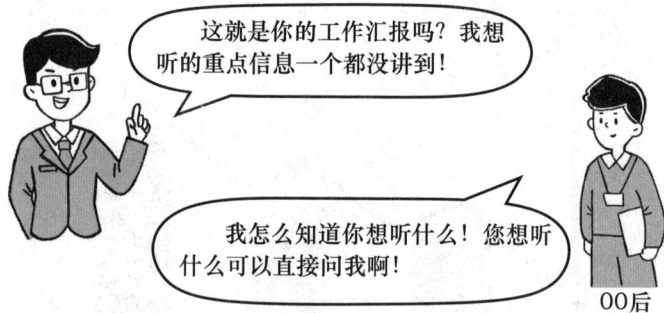

问题解析

　　一些新生代员工在汇报工作时表达不清、逻辑混乱、重点不突出，这些会极大地影响工作汇报的效果。从表面上看，出现这种情况是因为员工不知道如何汇报工作，但从根源上来看，这种情况背后隐藏着一个非常重要的管理问题——管理者和员工都没有重视工作汇报，或者都认为工作汇报是非常简单的事情。所以，管理者没有对工作汇报的内容做出明确要求，员工也缺乏充分的准备和训练。

管理对策

明确工作汇报的步骤和要求

在管理者看来，新生代员工在汇报工作时常常出现以下几个问题。

一是**"散"**，即汇报主题不明确，无法突出重点。

二是**"偏"**，即员工不清楚需要汇报什么、不需要汇报什么。

三是**"乱"**，即想到哪儿说到哪儿，一个问题没有说完又说到了另一个问题上，甚至员工自己都不知道在说什么。

四是**"空"**，即不能根据工作性质和内容展开汇报，而是讲一些空话。

五是**"假"**，即不能实事求是地反映工作情况，例如，把工作计划说成已经完成的工作。

很多时候，出现这些问题并不是员工个人的能力问题，而是员工与管理者在表达和倾听上的习惯不同，对事件的关注点有分歧。所以，当员工按照自己的方式汇报工作时，很容易出现"员工说的不是管理者想听的"这种情况。

工作汇报看似普通，却关系到管理者与员工之间的关系。因此，管理者与员工必须就工作汇报的具体步骤和要求达成一致，形成默契。

明确工作汇报的步骤。

例如，第一步，汇报当前的工作进度；第二步，汇报当前工作是否顺利；第三步，表明自己希望获得哪些帮助或资源；第四步，沟通下一步的工作安排。

明确汇报工作的核心要求。

例如，出现问题后应第一时间汇报；汇报工作时只说重点内容；能够就工作实际情况展开汇报，不夸大不缩小。

鼓励员工用PPT或者表格的形式汇报工作。

这种方式简洁明了，可以有效节省工作汇报的时间，效果更佳。

实践指导

通过 PPT 汇报工作的 5 个步骤

管理者可以鼓励员工用 PPT 的形式汇报工作，具体可参考以下 5 个步骤（如图 6-9 所示）。

2张PPT即可 —— 管理者是如何安排的?
员工是如何执行的?

遇到的问题及如何解决问题 —— 1张PPT即可

3～4张PPT即可 —— 做了哪些工作?
取得了什么样的成果?
可配上各种图表

对下一阶段的工作作展望
对上一阶段的工作作总结 —— 1～2张PPT即可

1张PPT即可 —— 需要重点解决的问题以及
需要管理者提供的支持和帮助

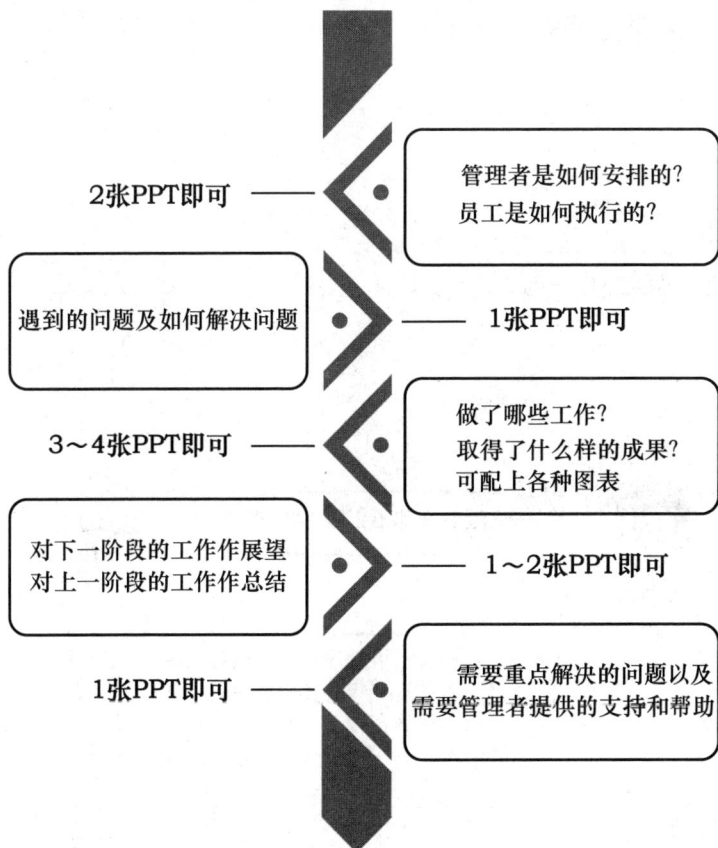

图 6-9　PPT 汇报工作的 5 个步骤

6.4.3　及时反馈

管理问题

员工汇报两次后就不再汇报

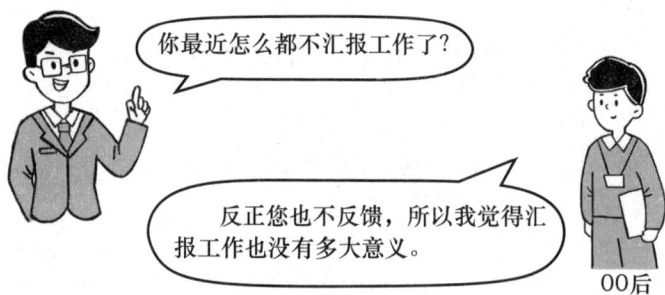

你最近怎么都不汇报工作了？

我每次汇报后，您也没有什么意见。我最近工作也比较顺利，所以就没有再继续汇报了！

90后

你最近怎么都不汇报工作了？

反正您也不反馈，所以我觉得汇报工作也没有多大意义。

00后

问题解析

　　新生代员工汇报两次之后就不愿意再主动汇报工作，原因在于管理者对员工的汇报没有给出及时、有效的反馈，使新生代员工觉得工作汇报"形式化"。不少新生代员工都拒绝"形式化"的工作方式，当他们感到自己所做的工作并没有得到应有的重视后，他们就会拒绝继续再"形式化"地做下去。

管理对策

汇报后第一时间反馈

　　"及时反馈"是工作中非常重要的一个环节。一方面，员工能够从管理者的反馈中得到改进建议、资源支持等，使其对完成工作更有信心；另一方面，员工也能够从管理者的认可、肯定中获得成就感，更有动力完成工作。

　　相反，如果员工在汇报后，没有得到管理者的及时反馈，他们可能会觉得自己不被重视，或者自己的工作无关紧要，从而产生懈怠心理，甚至迷失努力的方向。长此以往，新生代员工就更不愿意主动汇报工作了。

　　因此，管理者在员工汇报后应尽量第一时间进行反馈。这样做不仅可以将信息在最短的时间内传递给员工，而且也能够使管理者及时了解员工的反应，如果员工对反馈信息有疑问，双方还可以就问题进行讨论。

⏰ **如果不能及时反馈，要告知员工具体的反馈时间。**

例如，管理者正在处理急事，此时就要告知员工："下午3点我再给你反馈，好吗？"

⚙ **反馈时明确告知员工完成了哪些工作或者未完成哪些工作，并指出员工需要改进之处。**

例如，管理者可以说："你这次的工作在×××上做得很好，领会了这项工作的要点。但是，在×××方面，你还需要注意，比如说……"

◔ **反馈要简明扼要，时间控制在5~10分钟，反馈太多反而会影响效果。**

实践指导

有效反馈的 4 个步骤

管理者对员工的工作汇报进行反馈时，可参考以下 4 个步骤（如图 6-10 所示）。

聚焦员工的行为

- 客观真实地描述员工实际发生的工作行为
- 聚焦取得成果的关键性行为

认可员工的努力

- 关注员工的进步和成长
- 表达鼓励和赞赏

说明不足之处

- 指出员工工作中有待改进或调整的地方
- 提供自己的建议

表达期望

- 希望员工在接下来的工作中规避缺点，顺利完成工作

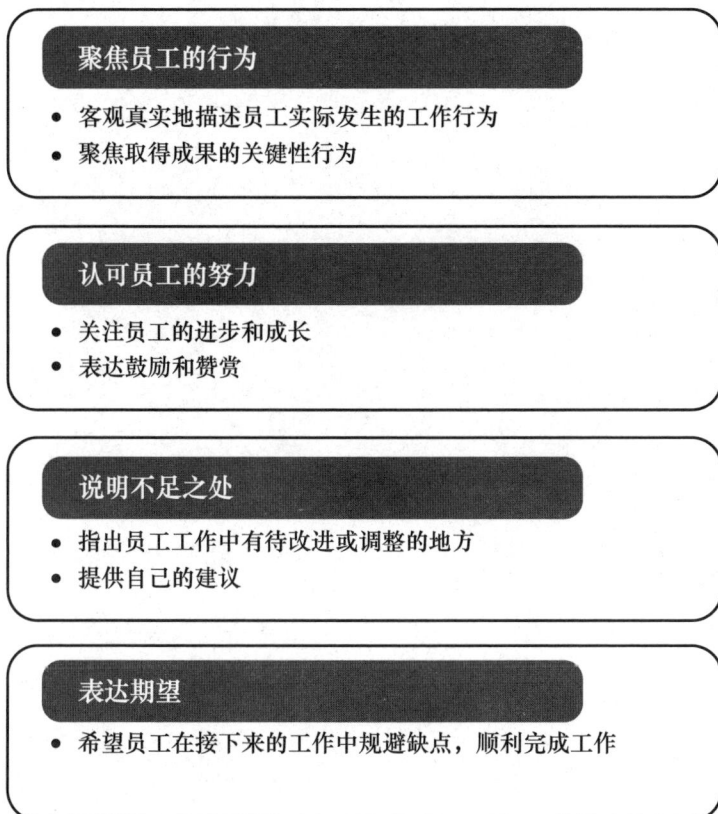

图 6-10　有效反馈的 4 个步骤

第 7 章

有效激励

扫码收听　团队管理精品课程

团队激励与动机

7.1 按需激励

7.1.1 按对象激励

管理问题

为什么给员工发奖金他还不高兴

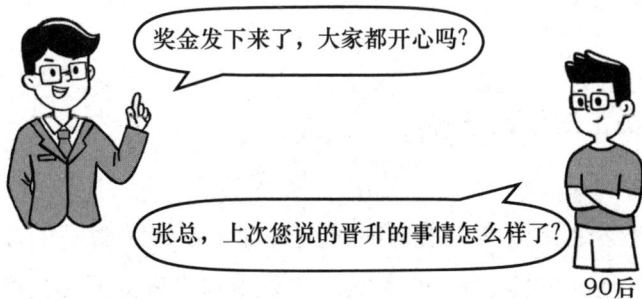

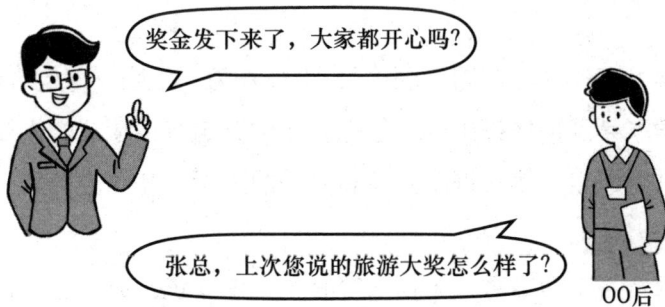

问题解析

　　在很多管理者看来,发奖金是对员工最有效的激励方式,但新生代员工并不这么认为。新生代员工的工作动机是多样的,所以,激励方式也需要多样化。

　　在新生代员工看来,奖金只满足了他们的物质需求,激励效果有限。除了奖金,他们还有被尊重的需求和自我实现的需求等。管理者只有充分了解新生代员工的真实需求,才能设计出多样化的激励机制。

管理对策
尊重并满足员工的个人选择

　　美国心理学之父威廉·詹姆斯研究发现,在缺乏激励的环境中,个人只能发挥出自身20%~30%的潜能;如果受到充分的激励,则可以发挥出自身80%~90%的潜能。可见,员工需要激励才能在工作中发挥出最大潜能。

　　心理学上有一个"双因素理论",也被称为"激励—保健理论",是由美国心理学家赫茨伯格提出的。他把企业中影响员工绩效的主要因素分为两种,即激励因素(使人得到满足和激励的因素)和保健因素(使人产生不满意感的因素)。

　　激励因素与工作本身或工作内容有关,主要包括成就、赞赏、工作本身的意义和挑战性、责任感、晋升和发展的机会,等等。保健因素是指工作以外的因素，主要包括公司的政策和制度、管理、监督、工资、同事关系，等等。

"双因素理论"指出，保健因素的激励效果有限。满足保健因素可以消除不满情绪，维持原有的工作效率，但不能激励人们做出更积极的行为。因此，管理者要想进行有效激励，就要针对不同员工的特点和需求建立多样化的激励机制。

根据激励对象的特点和需求选择激励方式。

例如，激励以生存和安全需求为主的员工，适合采用薪酬、职位保障的激励方式；激励以自我实现需求为主的员工，适合采用晋升的激励方式。

充分考虑员工的个体差异，实行差别激励的方式。

例如，有的人更看重精神方面的满足，管理者可以从工作环境、工作兴趣、工作条件等方面进行激励；有的人更注重基本需求的满足，管理者可以从薪酬、奖金等方面进行激励。

建立上下通畅的内部沟通渠道，给予员工充分的尊重和关心。

例如，管理者可以真诚地询问员工："你想要得到什么样的激励？"或者问："什么样的激励方式最能让你觉得兴奋？"

实践指导

华为"多元化、多层级"激励机制

要做到有效激励，管理者可以参考华为的"多元化、多层级"激励机制（如图 7-1 所示）。

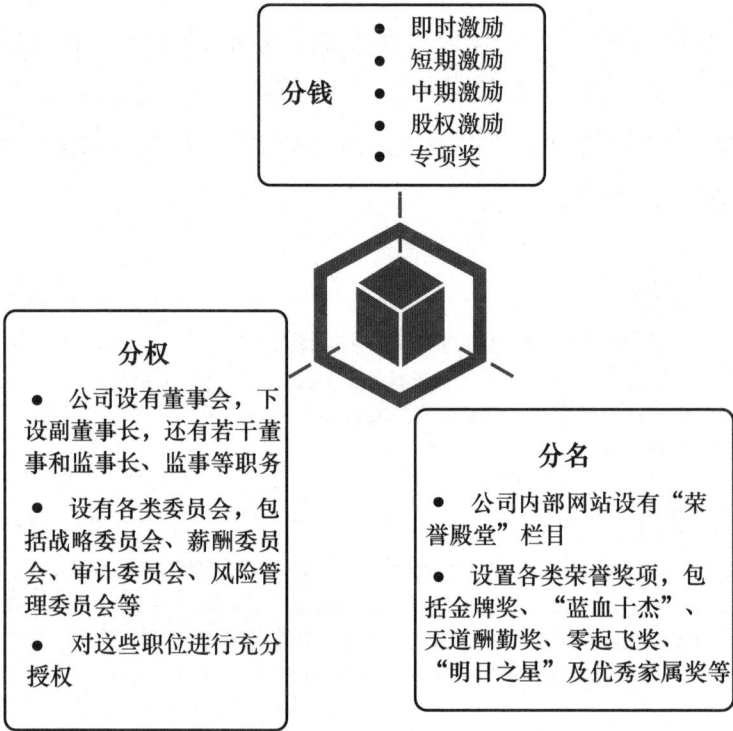

分钱
- 即时激励
- 短期激励
- 中期激励
- 股权激励
- 专项奖

分权
- 公司设有董事会，下设副董事长，还有若干董事和监事长、监事等职务
- 设有各类委员会，包括战略委员会、薪酬委员会、审计委员会、风险管理委员会等
- 对这些职位进行充分授权

分名
- 公司内部网站设有"荣誉殿堂"栏目
- 设置各类荣誉奖项，包括金牌奖、"蓝血十杰"、天道酬勤奖、零起飞奖、"明日之星"及优秀家属奖等

图 7-1　华为"多元化、多层级"激励机制

7.1.2　按需求层次激励

管理问题

员工对奖励已经麻木了

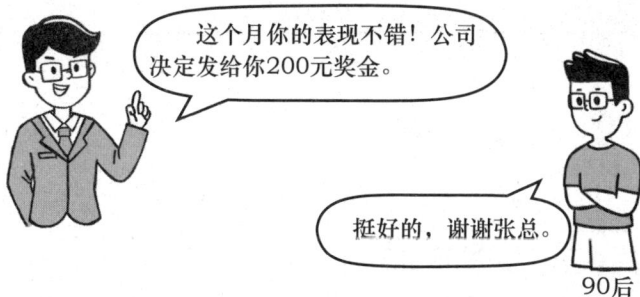

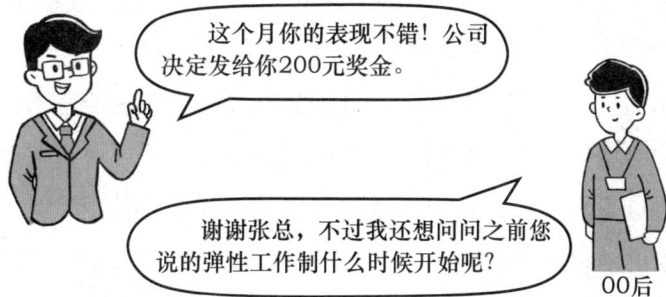

问题解析

　　管理者用发奖金的方式奖励新生代员工，一开始会让他们感觉受到了激励，但经过一段时间后，这种激励方式可能就会变得索然无味，很难再发挥效果。

　　这是因为在不同的时期，新生代员工的需求也有所不同。绝大多数员工努力工作，除了追求工资、奖金等物质形式的激励之外，还存在其他需求，如职位晋升、办公条件优化等。因此，管理者采取单一的激励方式，很可能出现无效激励的情况。

管理对策

根据马斯洛需求层次理论设计激励机制

　　心理学家、诺贝尔经济学奖得主丹尼尔·卡尼曼在其畅销书《思考，快与慢》中写道："所有表现都会回归平均值，而回归现象的意义不亚于发现万有引力。"个人对外界刺激的新奇感或愉悦感也会随着时间的推移与出现频次的增多而慢慢减弱，最终回归到正常水平或者正常水平以下。

　　新生代员工思维活跃，价值观多元，需求也更加广泛，单一的激励方式对他们来说效果有限。

　　根据马斯洛需求层次理论，人的需求由低到高可以分为5个层次：生理需求、安全需求、爱与归属感需求、尊重需求和自我实现需求。只有当较低层次的需求得到满足后，人们才会产生更高层次的需求。因此，管理者要深入分析新生代员工的"需求层次"，并针对不同员工的"需求层次

"特征"设计与之相对应的激励机制，采取不同的激励措施。

了解员工的需求层次，进行精准激励。

员工常常表达"工资待遇""工作环境""工作时间"等话语，说明员工当前处于生理需求层次。

员工常常表达"就业保障""劳动保护""养老保障""医疗保障"等话语，说明员工当前处于安全需求层次。

员工常常表达"上下级沟通""工作氛围""人际关系""团队精神"等话语，说明员工当前处于爱与归属感需求层次。

员工常常表达"晋升机遇""薪资公平性""奖励""社会地位"等话语，说明员工当前处于尊重需求层次。

员工常常表达"工作挑战性""职业发展""参与决策""个人能力发挥"等话语，说明员工当前处于自我实现需求层次。

了解员工的主导需求，进行高效激励。

例如，在某一个时期，员工既存在生理需求，又存在爱与归属感需求，其中生理需求占据主导地位。此时，管理者要首先满足员工的生理需求。

实践指导

根据马斯洛需求层次理论设计激励机制

管理者可以根据马斯洛需求层次理论设计激励机制（如图 7-2 所示）。

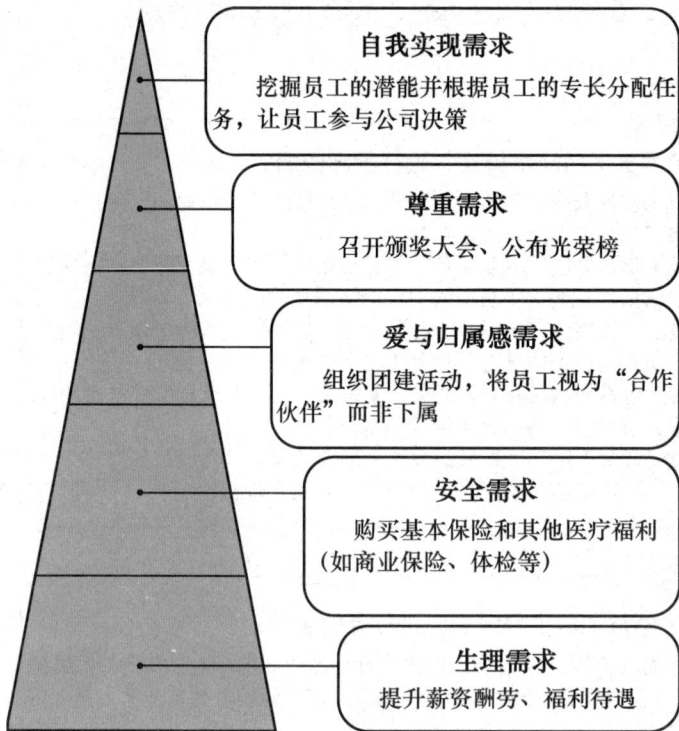

图 7-2 根据马斯洛需求层次理论设计激励机制

7.2 公平激励

7.2.1 标准统一

管理问题

员工对绩效评价结果不满

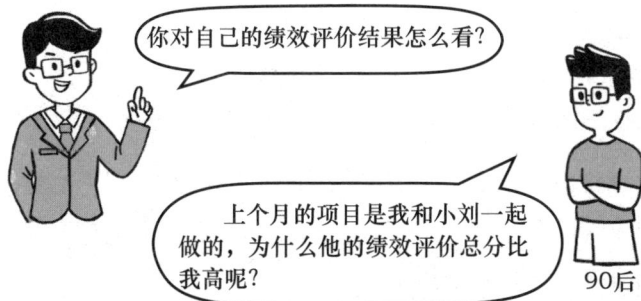

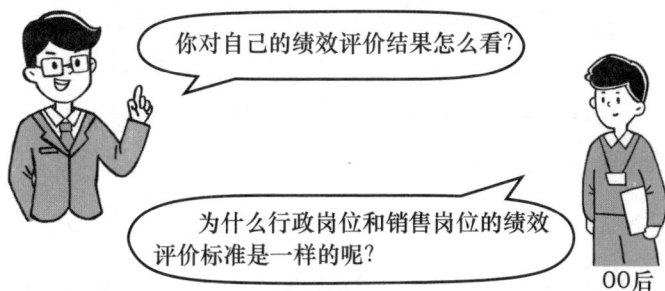

问题解析

　　新生代员工对绩效评价结果不满，关键原因在于没有明确、统一的绩效评价标准。例如，共同完成同一任务的两个员工，绩效评价结果却不一样；行政与销售两个完全不同的工作岗位，绩效评价标准却是一样的。在这种情况下，新生代员工自然会产生不公平、不公正的感觉。

管理对策

制定公平的绩效评价标准

　　新生代员工十分注重公平，追求公正。任务分工不均、薪酬制度不合理、福利机制不健全等因素，都会使他们产生不公平的感受。这种不公平感会严重影响员工的工作积极性。

　　此外，不公平感也会给员工带来压力，如果这种压力长期存在，会引发心理学中的"相乘效应"，即外界刺激对个人所带来的影响反复叠加、多次作用，最终导致比简单相加更为严重的后果。例如，多次遭受不公平对待而长期隐忍的员工，在某次受到轻微批评时，可能就会以爆发性的极端方式将长期积压的怨气发泄出来。

　　因此，管理者一定要注意激励机制的公平性，制定公平的绩效评价标准，即相同职责的岗位要制定统一的评价标准，不同职责的岗位要制定不同的评价标准。

针对不同岗位的职责特点，采用不同的考核角度。

例如，业务人员的考核指标应尽量细化，以业务指标、财务指标、质量指标等为主要考核内容；管理人员的考核指标应侧重于工作质量、服务态度、完成时限等。

考核指标的设计要考虑到工作任务的性质和难易程度。

例如，对于从事策划类工作的员工，不能将完成项目的数量作为主要考核指标，而应将策划的效果作为主要考核指标。

成立考核小组并不断提高考核者的能力和素质。

例如，选择熟悉各部门工作情况、具有公正、公平意识的人员担任考评员，并通过学习、培训的方式提升他们的考核能力。

实践指导

销售部绩效评价表

管理者应针对不同岗位的特点，制定相应的绩效考核标准。例如，针对销售部员工的工作性质，管理者应制定相应的绩效考核标准（如表 7-1 所示）。

表 7-1　销售人员绩效考核标准

销售人员绩效考核标准

主动性	1级：等候指示 2级：询问有何工作可分配 3级：提出建议，然后再行动 4级：行动，个别情况下会征求意见 5级：单独行动，定时汇报结果	
销售目标	1级：在团队帮助下完成销售目标 2级：与团队配合，基本完成销售目标 3级：与团队配合，完成或超额完成销售目标 4级：单独行动，基本完成销售目标 5级：单独行动，完成或超额完成销售目标	1级10分 2级20分 3级30分 4级40分 5级50分
客户服务	1级：提供必要的服务 2级：迅速响应并解决客户的需求 3级：找出并满足客户的需求 4级：成为客户可信赖的伙伴，参与客户决策 5级：维护客户利益，并促进团队利益	

7.2.2 机会均等

管理问题

绩效冠军总是同一个人

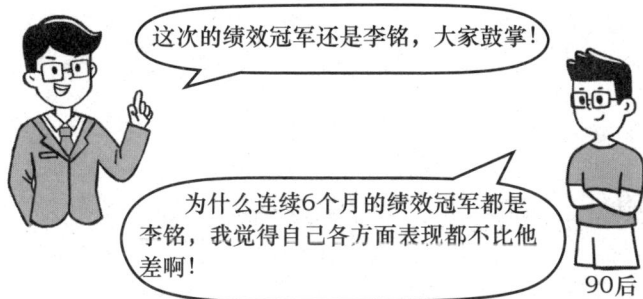

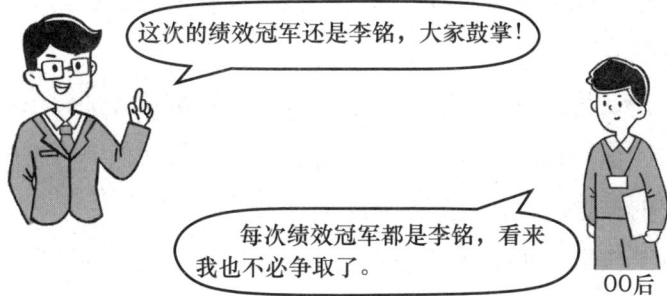

问题解析

如果绩效冠军每次都是同一个人，即使这个人的绩效表现非常好，也会让新生代员工产生一种主观上的不公平感，产生负面情绪，进而影响他们的工作积极性。

因此，如果管理者发现绩效冠军总是同一个人的话，就要考虑其中是否存在问题，否则即使设置了绩效奖励，也难以发挥作用。

管理对策

公平理论：使员工产生一种主观上的公平感

管理学中有一个公平理论，由美国心理学家约翰·斯塔希·亚当斯提出。公平理论研究工资报酬分配的合理性、公平性及其对员工工作积极性的影响。

公平理论认为，员工对收入的满意程度能够影响其工作积极性，并且员工对收入的满意程度是一个比较的过程，不仅与他们实际报酬的多少有关，更重要的是他们认为报酬的分配是否公平。

在实际工作中，新生代员工往往会将自己付出的劳动及所得到的报酬与其他员工进行比较，并对公平与否作出判断。当他们感到不公平时，工作积极性就会随之降低。

新生代员工追求分配上的公平感，但是每个人对是否公平的判断标准却不尽相同。因此，管理者在设计激励措施时，一定要考虑员工的主观感受。

管理者要尽可能公平地对待每一个员工。

例如，当员工感受到不公平时，他们可能会采用缺勤、迟到、不按时完成工作任务、降低工作质量等方式抵消由不公平带来的负面心理感受。

听取员工对报酬分配制度的想法和意见。

例如，管理者可以通过调查（如座谈会、问卷调查等），了解团队内各成员对公平的评判标准是什么，如何进行报酬分配才能让员工感到公平。

绩效评价的项目和分值设计要考虑周全，争取做到公平。

例如，降低工龄、学历等个人因素所占的分值，在所有员工均有机会争取的项目上加大分值。

做好员工的心理疏导工作，引导其树立正确的公平观念。

例如，管理者可以这样说："绝对公平是不可能的，我们也要听听别人的想法，看看别人在工作上的付出，或许会更客观一些。"

实践指导

通过"机会倾向"提高员工的公平感

管理者可以通过"机会倾向"的做法提高员工的公平感（如图 7-3 所示）。

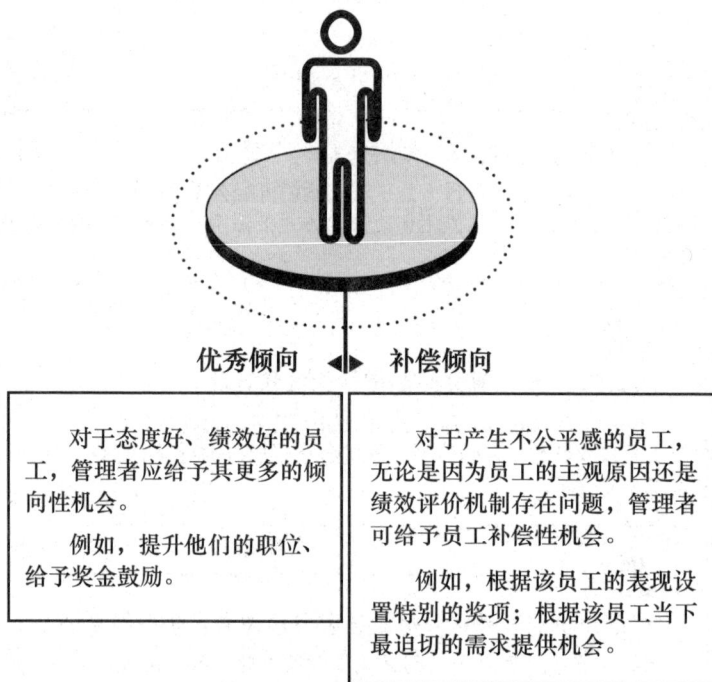

优秀倾向	补偿倾向
对于态度好、绩效好的员工，管理者应给予其更多的倾向性机会。 　　例如，提升他们的职位、给予奖金鼓励。	对于产生不公平感的员工，无论是因为员工的主观原因还是绩效评价机制存在问题，管理者可给予员工补偿性机会。 　　例如，根据该员工的表现设置特别的奖项；根据该员工当下最迫切的需求提供机会。

图 7-3　通过"机会倾向"提高员工的公平感

7.3 即时激励

7.3.1 及时奖惩

管理问题

奖金晚发两天，员工就不满

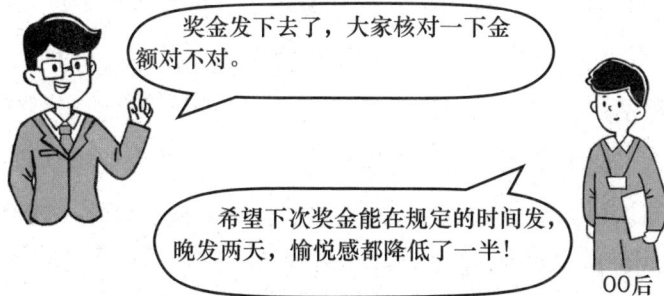

问题解析

奖金只是晚发了两天，就引起新生代员工的不满，关键原因在于管理者没有做到及时奖励。管理者承诺的奖励没有及时发放，一方面会降低奖励带来的激励效果与员工的愉悦感，另一方面还有可能招致员工的抱怨。惩罚也是如此。如果惩罚没有及时实施，也会消减相应的作用。因此，管理者要想发挥出奖惩的价值，就要做到及时奖惩。

管理对策

近因效应：奖罚不过夜

心理学中有一个"近因效应"，是指在多种外界刺激依次出现的时候，人的印象的形成主要取决于后来出现的刺激。在员工激励中，近因效应也发挥着重要作用。

管理学中有一个关于及时奖励的真实故事。一位管理者碰到了影响企业生存的技术难题，当他正在苦思冥想时，一位技术专家闯进他的办公室阐述了解决方案。管理者听罢，觉得确实有效，便想立即嘉奖这位技术专家。管理者在办公室翻找一番，只找到一根香蕉，但他仍然将这唯一的奖品躬身递给了技术专家。技术专家也深受感动，因为他感到自己的成果得到了上司的认可。后来，这家公司设立了"金香蕉奖"，对攻克重大技术难题的员工授予一枚纯金制造的香蕉形别针。

在实际管理中，"赏不逾时"有两个好处。

第一，员工的行为受到肯定后，有利于他重复带来优秀的表现。

第二，向员工证明公司制度和管理者是可以信赖的，只要表现优秀，就可以立刻受到奖赏，这也有利于激励其他员工。

为了达到最佳的激励效果，管理者要秉持"奖惩不过夜"的原则。对于有成绩、有贡献的员工，管理者要及时肯定和奖励，使他们将优秀的行为保持下去；对于有缺点、有错误的员工，管理者也要及时批评和惩罚，使他们改正错误的行为。过时的奖惩措施，将失去其本身的作用和意义。

管理者要有"随时随地激励员工"的意识，随时随地做好准备。

例如，在工作过程中，管理者发现员工有好的表现时应及时表扬，有不好的表现时应及时指出并帮助员工改正。

设计激励模式，让员工的每一个行为都可以得到及时反馈。

例如，管理者可以使用"积分制"的激励模式，将员工的综合表现、工作行为、团队贡献等用分值的形式进行量化管理，根据员工的表现进行加分或减分，并及时统计和反馈。

① 每天至少激励一个员工，让所有员工都知道团队倡导什么、反对什么。

例如，管理者要及时奖励提出关键决策的员工，惩罚不负责任的员工。

实践指导

奖惩员工的注意事项

管理者在奖惩员工时应注意以下事项（如图 7-4 所示）。

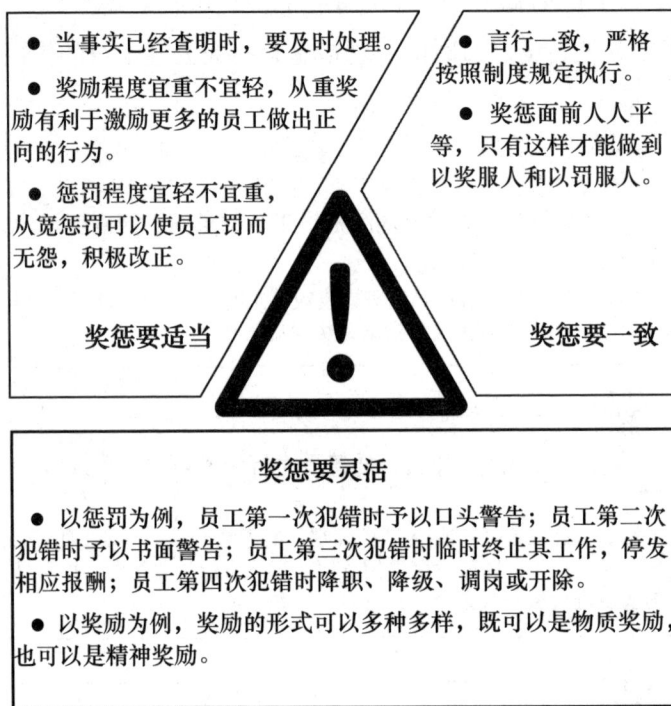

- 当事实已经查明时，要及时处理。

- 奖励程度宜重不宜轻，从重奖励有利于激励更多的员工做出正向的行为。

- 惩罚程度宜轻不宜重，从宽惩罚可以使员工罚而无怨，积极改正。

奖惩要适当

- 言行一致，严格按照制度规定执行。

- 奖惩面前人人平等，只有这样才能做到以奖服人和以罚服人。

奖惩要一致

奖惩要灵活

- 以惩罚为例，员工第一次犯错时予以口头警告；员工第二次犯错时予以书面警告；员工第三次犯错时临时终止其工作，停发相应报酬；员工第四次犯错时降职、降级、调岗或开除。

- 以奖励为例，奖励的形式可以多种多样，既可以是物质奖励，也可以是精神奖励。

图 7-4　奖惩员工的注意事项

7.3.2　破格奖励

管理问题

刚入职的新员工要求晋升两级

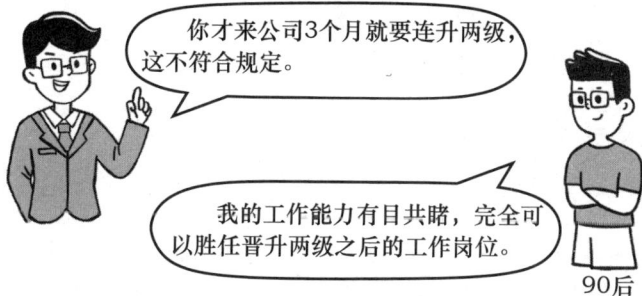

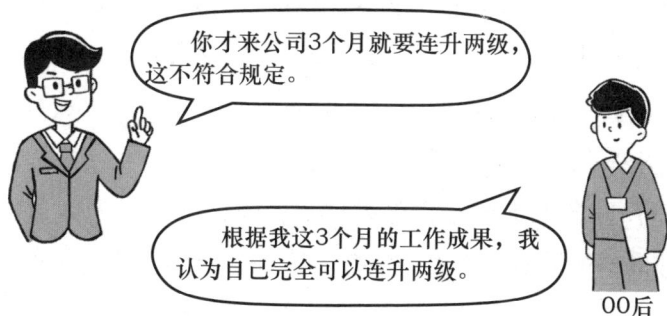

问题解析

  新生代员工比较重视自我价值的实现。在充分展现出自己对团队的价值后，他们会主动向管理者提出晋升的要求。如果管理者以新员工资历不够、不符合规定等理由拒绝，新生代员工可能会感到不被认可，进而消极对待工作，甚至可能会产生离职的想法。

管理对策

奖励价值而不是奖励资历

  在传统的企业管理中，管理者往往会实行一套严格的涨薪晋升标准。例如，员工工作达到一定的年限，才能获得涨薪或晋升的资格。但在很多新生代员工看来，这些规定都是不合理的，自己和老员工做着相同的工作，并且自己的业绩更出色，但因为资历浅，薪酬、职级都比老员工低。这会让新生代员工觉得自己的付出不值得。

  当"付出不值得"的感觉不断积累时，一些优秀员工可能会选择离开团队。管理者肯定不希望看到优秀员工流失，甚至流失到竞争对手的公司，这将带来不可估量的损失。因此，管理者要学会奖励优秀员工，并给予特别优秀者破格奖励。这一措施不仅可以激活团队气氛，还可以激励员工更积极地创造价值。

  奖励价值而不是奖励资历，将成为新生代团队管理的新风向。

  一方面，新生代员工的知识水平、创新能力、工作热情等各方面素质都比较高，这为他们在工作中高效地创造价值奠定了基础；另一方面，新生代员工对成长和成就的追求让他们迫切地希望自己的价值可以被认可，并且得到晋升或涨薪。新生代团队的管理者一定要转变思路，充分认识到破格奖励的重要性，并积极地在管理中进行实践。

不以员工的资历作为发放薪酬的标准，而是以员工的价值为标准。

例如，工作一年的优秀员工有机会比工作两年但业绩一般的员工获得更高的薪酬。

允许员工短时间内连续晋升，即使以前没有，也要勇于开先例。

例如，优秀的新员工可以在一个月后转正，入职半年的优秀员工可以在短时间内连续晋升。

给特别优秀者"额外加奖"，以激励员工更努力地创造价值。

例如，特别优秀者不仅可以获得破格晋升的机会，还可以获得丰厚的奖金。

实践指导

破格奖励的 5 个维度

管理者决定是否要破格奖励员工、如何奖励员工时，可参考以下 5 个维度（如图 7-5 所示）。

◎**工作态度：**
积极向上、负责认真
设置奖项：
全勤奖、加班费

◎**学习态度：**
踏实上进、好学，努力提升自己的职业技能
设置奖项：
学历证书补贴、培训学习费用报销

◎**团队意识：**
协同合作、团结一致
设置奖项：
团队奖金、部门奖金、绩效奖金

◎**创新精神：**
产品、技术、管理方法和生产流程等方面的创新
设置奖项：
产品发明奖、技术创新奖、流程改良奖

◎**价值观：**
积极、乐观、诚信、友善
设置奖项：
助人为乐奖、拾金不昧奖、勤俭节约奖

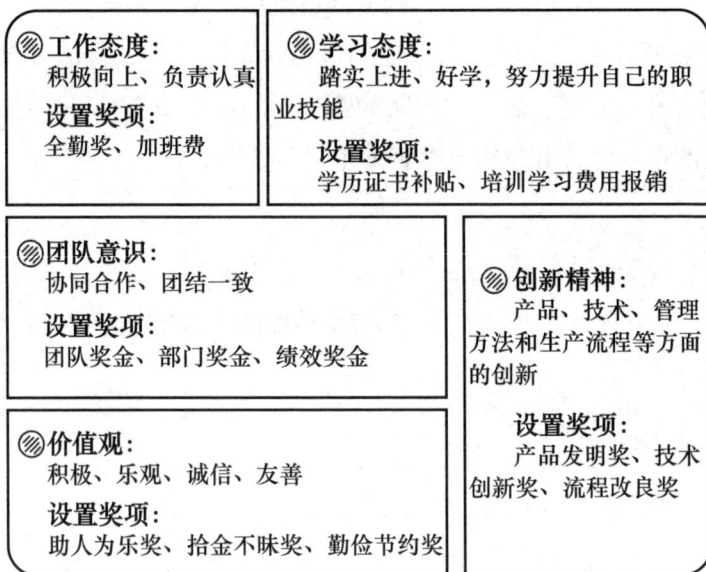

图 7-5　破格奖励的 5 个维度

第 8 章

聚人留人

扫码收听　团队管理精品课程

90 后的特点及管理方法

8.1 招聘选拔

8.1.1 招聘成熟人才

管理问题

"告御状"的员工

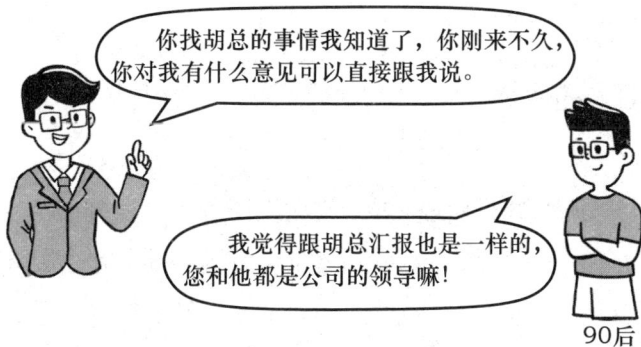

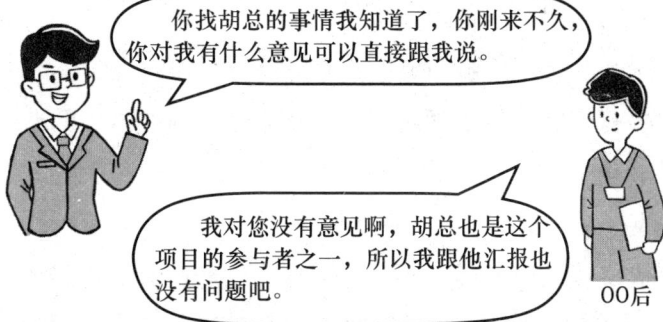

你找胡总的事情我知道了，你刚来不久，你对我有什么意见可以直接跟我说。

我觉得跟胡总汇报也是一样的，您和他都是公司的领导嘛！

90后

你找胡总的事情我知道了，你刚来不久，你对我有什么意见可以直接跟我说。

我对您没有意见啊，胡总也是这个项目的参与者之一，所以我跟他汇报也没有问题吧。

00后

问题解析

　　新生代员工出现越级汇报、"告御状"的情况主要有两个原因：一是有些新生代员工心智不够成熟，不了解职场中的层级关系；二是有些新生代员工迫切希望得到重用，所以急于在上级领导面前表现自己。

　　管理者要想解决这一问题，最好的方式是招聘心智较为成熟的员工。

管理对策

"成熟"是招人的底线

　　不少管理者在招聘时往往将重点放在应聘者的专业技能上，其实"成熟"才是招人的底线。如果一名员工具备良好的技能，心智却不成熟，也无法顺利完成工作。相反，一个技能一般但是心智成熟的员工，只要加以培训，也能很好地完成工作。例如，心智成熟的员工在遇到困难时会主动与团队协商，共同解决问题。

　　具体来说，心智不成熟的员工通常有以下几种表现。

　　一、做事有"等"的心理，不愿主动思考。这类员工的典型表现是管理者安排什么就做什么。如果管理者没有安排，他们就不去想、不去问，工作进展缓慢。

　　二、完成交代的任务后，不及时反馈。这会极大浪费团队的人力成本和时间成本，员工个人的工作效率也会大大降低。

三、**说话没有忌讳**。在职场中，口无遮拦、心直口快也是心智不成熟的表现。

四、**盲目自大，认为自己做得比上司好**。这类员工很难认真对待工作，也难以在工作中获得成长。

五、**盲目崇拜上司，认为上司说的都是对的**。这类员工容易在职场中趋炎附势，也是心智不成熟的表现。

心智不成熟的员工会给团队带来很多负担，管理者在招聘时，应避免招聘具有以上表现的员工。

不要录用说大话、口无遮拦的应聘者。
例如，应聘者吹嘘自己过往的工作成绩，过分拔高自己的形象。

不要录用说话前言不搭后语、难以自圆其说的应聘者。
例如，简历上写有在重要岗位的工作经历，但是应聘者却难以清楚地介绍他在职期间的工作内容和工作成绩。

不要录用没有明确目标，但总是强调自己需求的应聘者。
例如，应聘者不确定自己能够给企业带来什么，但总是强调企业能够给自己提供什么。

实践指导

识别心智成熟应聘者的 5 条建议

管理者招聘新生代员工时,可参考以下 5 条建议,识别心智成熟的应聘者(如图 8-1 所示)。

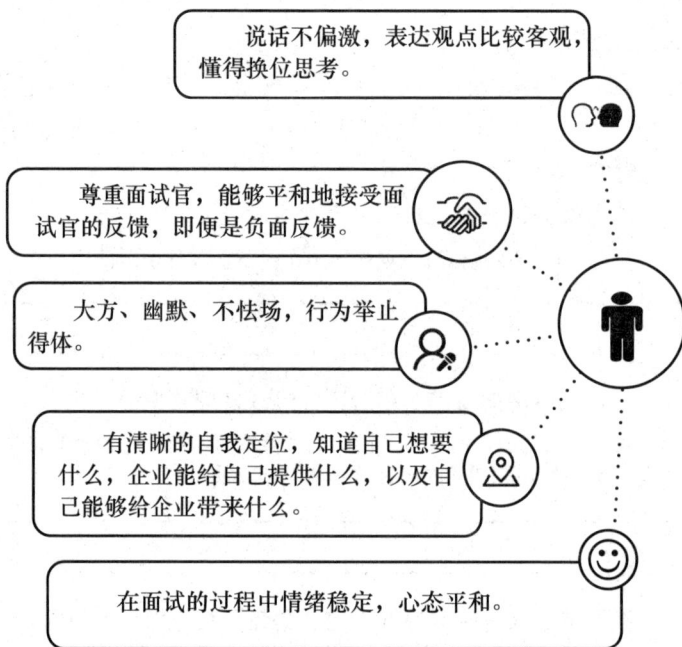

说话不偏激,表达观点比较客观,懂得换位思考。

尊重面试官,能够平和地接受面试官的反馈,即便是负面反馈。

大方、幽默、不怯场,行为举止得体。

有清晰的自我定位,知道自己想要什么,企业能给自己提供什么,以及自己能够给企业带来什么。

在面试的过程中情绪稳定,心态平和。

图 8-1　识别心智成熟应聘者的 5 条建议

8.1.2 招聘方式与时俱进

管理问题

很久没有在招聘网站上收到简历了

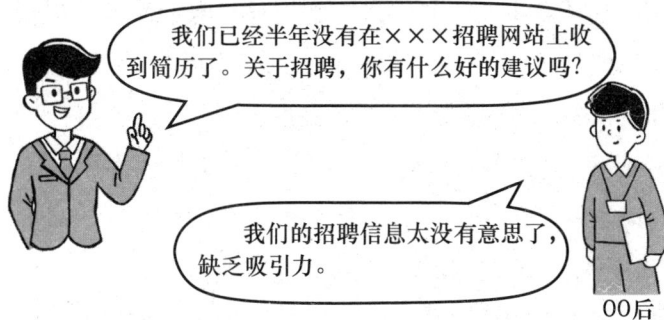

我们已经半年没有在×××招聘网站上收到简历了。关于招聘，你有什么好的建议吗？

我们不妨试试发动大家在朋友圈发布招聘信息。

90后

我们已经半年没有在×××招聘网站上收到简历了。关于招聘，你有什么好的建议吗？

我们的招聘信息太没有意思了，缺乏吸引力。

00后

问题解析

随着互联网的普及和应用，新生代员工的求职渠道不再局限于线下招聘会、报纸、广告等，而是转向线上招聘平台。其中，社交软件逐渐成为新生代员工求职的新渠道。

这就要求管理者也要与时俱进，设计出符合新生代员工特点、具有吸引力的招聘内容，并且多渠道、多平台发布招聘信息，尽可能多地触达潜在应聘者。

管理对策

你想要的人才可能在朋友圈

新生代员工的求职方式呈现出多样化的特点。要想招聘到更多优秀的新生代员工，管理者也要与时俱进，不能只局限于传统的招聘方式。

针对新生代员工的特点，管理者可以从以下几个方面更新招聘方式。

一是招聘渠道：你想要的人才可能在朋友圈。

管理者要充分拓展招聘渠道，在新生代求职者常用的平台上进行招聘，如朋友圈、短视频平台、自媒体平台、社群等。

二是招聘内容：既要说得清楚又要说得有趣。

新生代求职者不喜欢墨守成规、一板一眼的招聘信息。因此，管理者在设计招聘信息时，既要把岗位需求说清楚，又要兼顾趣味性。

三是面试形式：比赛、游戏等形式更有吸引力。

除了传统的一对一面谈或多对一面谈外，管理者也要尝试新的面试形式。例如，通过比赛、游戏等形式进行面试，在互动中充分考察应聘者。

招聘信息一定要涵盖标题、招聘人数、岗位职责描述、任职条件、薪酬福利、公司简介等内容，形式要新颖有趣。

撰写招聘信息时，可适当使用网络流行词，契合新生代求职者的心理。

例如，通过微博、社群等平台了解新生代人群的流行语，在撰写招聘信息时添加进去。

多平台发布招聘信息，根据不同平台的特点，采取不同的发布形式。

例如，在短视频平台，管理者可以使用视频的形式发布招聘信息；在社群中，管理者可以使用图片的形式发布招聘信息。

实践指导

朋友圈发布招聘信息的注意事项

管理者在朋友圈发布招聘信息时，可参考以下 3 点注意事项（如图 8-2 所示）。

不要让整个朋友圈都充斥着招聘信息和转发链接，可以适当发一些员工福利、员工团建的照片，营造鲜活、和谐的团队氛围。

邀请团队的员工转发招聘信息，扩散到更多的社交圈中，但不能强制要求员工转发。

朋友圈可发布"表情包+招聘信息"的形式，且不要设置3天可见。

图 8-2　朋友圈发布招聘信息的注意事项

8.2　发展赋能

8.2.1　职业生涯引导

管理问题

刚涨工资的员工要跳槽

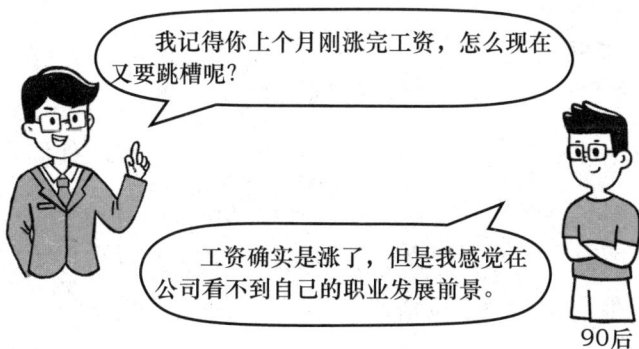

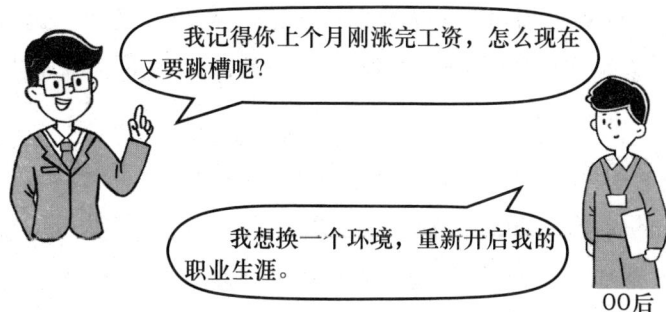

问题解析

新生代员工期待在职场上大展拳脚，实现自己的抱负，快速取得成绩。当他们觉得在公司中很难实现自己的抱负或者看不到发展前景时，他们可能就会跳槽。因此，管理者一定要帮助新生代员工做好职业生涯规划，让他们对自身和团队的发展充满信心。

管理对策
让员工看到"未来成功的自己"

新生代员工注重自我价值的实现，希望得到重用。当他们在工作中感到压抑，看不到发展前景时，就会产生离职的念头。

面对这种情况，管理者要做好发展激励，即帮助新生代员工进行职业生涯规划，让他们看到"未来成功的自己"，进而对团队和自身的发展充满信心。

职业生涯规划是指对个人的爱好、特长、兴趣、经历、能力以及不足之处进行全面地分析与权衡，并结合个人的职业倾向，确定未来的发展方向。

从管理者的角度来看，职业生涯规划有助于把员工安排到合适的岗位上，让员工的价值得到最大发挥，为团队增添效益。帮助员工做好职业生涯规划还能提升员工对企业的忠诚度和满意度，让员工队伍更稳定。因此，引导并帮助员工做好职业生涯规划是管理者不可忽视的重要工作。

做好员工职业生涯规划，帮助员工快速适应工作。

例如，当员工对未来发展和自我定位比较模糊时，管理者可以在团队允许的范围内实行轮岗制度，让他们自主选择不同岗位的挑战，找到自己适合的岗位。

建立透明公正的晋升通道，帮助员工实现自我价值。

例如，管理者应明确晋升的标准和依据，如工作能力、绩效结果、个人贡献等。

激发员工自我实现的意愿。

例如，管理者可赋予员工责任，让他们意识到自己对团队的价值；通过设置高待遇、高薪酬职位吸引员工追求职位的晋升。

提供职业规划培训和指导。

例如，管理者要为员工安排职业生涯规划的培训，帮助员工进行自我评估，了解行业发展趋势，进而制订职业发展计划，并对发展计划的落实给予指导。

实践指导

制定职业生涯规划的 5 个环节

管理者帮助新生代员工制定职业生涯规划时，可参考以下 5 个环节（如图 8-3 所示）。

自我评估	• 职业兴趣　　• 能力特点 • 综合素质　　• 优势与劣势
行业趋势 分析	• 市场规模　　• 政策方针 • 资金支持　　• 未来前景
职业定位	• 根据自我评估和行业趋势，选择适合 　自己的职业目标和发展路径
策略实施	• 了解自己在知识储备、心理素质与专 　业能力等方面与目标要求的差距 • 根据差距讨论实际操作的方法 • 确定实施步骤和完成时间
反馈修正	• 根据反馈的结果修正目标

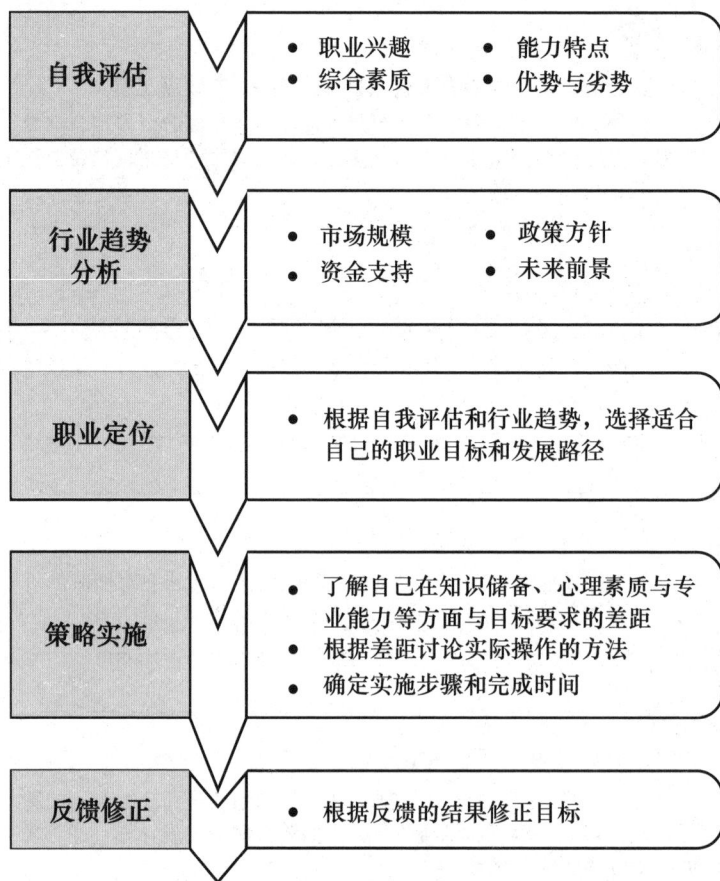

图 8-3　制定职业生涯规划的 5 个环节

8.2.2　多通道晋升机制

管理问题

员工抱怨工作满 3 年才能晋升

问题解析

　　一些新生代员工对自己的期望比较高，希望能够在职场上快速晋升、得到重用。如果管理者仍然沿用以工作年限为标准的晋升制度，很难得到这部分新生代员工的认同。同时，如果公司缺乏公平合理的收入分配制度和考评晋升体系，也会使新生代员工认为在这样的公司中难以实现自己的理想抱负，从而对公司失去信心。

管理对策

建立多通道晋升机制

　　晋升激励是指管理者将员工从低一级的职位提升到更高级的职位，同时赋予与新职位一致的责、权、利的过程。晋升激励是一种重要的激励措施，管理者可以通过职位晋升对能力强、表现优秀的员工进行肯定和鼓励。

　　不少公司在设计晋升通道时，常常陷入两个误区。

　　一、重业绩轻能力。虽然业绩是工作能力的重要体现，但它只是衡量员工能否晋升的指标之一。除了业绩，管理者还需要衡量员工的沟通与协调能力、组织与领导能力、策划与执行能力等指标。

　　二、考察不充分。不少管理者在晋升员工时，常常受到晕轮效应的影响，即将员工的优点放大，而忽略了他的缺点。如果管理者仅仅因为某一优点而将该员工晋升，这种晋升行为也是不合理的，会给管理带来负担。

管理者在设计晋升机制时，一方面要避开以上两大误区，另一方面也要考虑新生代员工对职位晋升的需求，设计多通道的晋升机制，激发新生代员工为晋升做出努力。

针对不同类型、不同特长的员工设立相应的职业生涯发展通道。

例如，针对办事沉稳踏实、稳扎稳打的员工，管理者可以以工作年限作为晋升考核标准；针对性格外向、工作能力强的员工，管理者可以以业绩作为晋升考核标准。

将晋升通道贯穿员工职业生涯的始终。

例如，刚入职的新员工与工作多年的老员工，均有机会得到晋升。

根据公司发展战略、组织结构调整与员工不同时期的发展需求，对晋升通道进行相应调整。

例如，公司快速扩张，成立了新部门，管理者可安排想要从事该岗位工作的员工参与工作。

实践指导

建立多通道晋升机制的 5 个步骤

建立多通道晋升机制，管理者可参考以下 5 个步骤（如图 8-4 所示）。

第1步，规划职位序列

结合公司的组织形式、组织规模和职位数量，合理规划职位序列。

第2步，构建职位序列里各岗位的任职资格体系

建立职位序列中各个岗位的任职资格体系。

先从重要职位或核心岗位入手，如关键技术岗位、部门主管岗位和部门经理岗位，再处理非核心岗位。

第3步，设计晋升通道及晋升标准

晋升通道的设计需要立足于岗位分析，尤其在设计非直线晋升通道时，需要充分考虑不同部门在工作上的交叉之处，遵从"相关性越高越好，避免弱相关或不相关"的原则，尤其是针对跨度较大的序列或部门之间的调动。

第4步，依据晋升机制履行晋升流程

内部公告与报名申请

候选人评审

公示结果

入职宣誓

第5步，打通晋升通道与学习培训体系的接口

为了更好地让新晋升的员工适应新职位对其知识、技能的要求，公司要做好相应的培训。

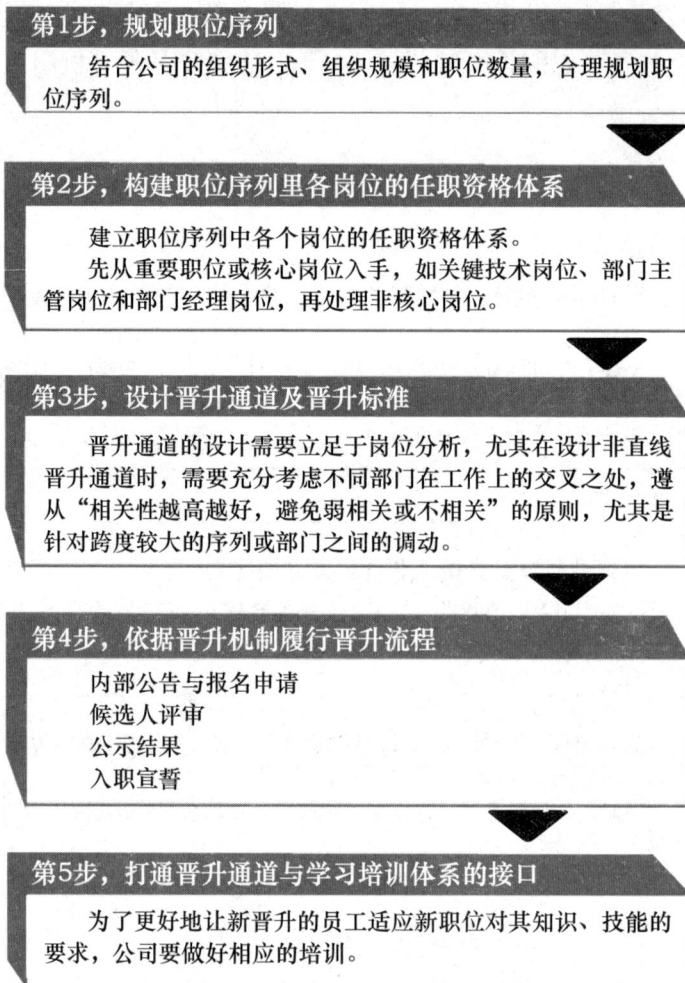

图 8-4　建立多通道晋升机制的 5 个步骤

8.3 吸引留用

8.3.1 "硬环境"留人

管理问题

员工抱怨没有茶水间和"下午茶"

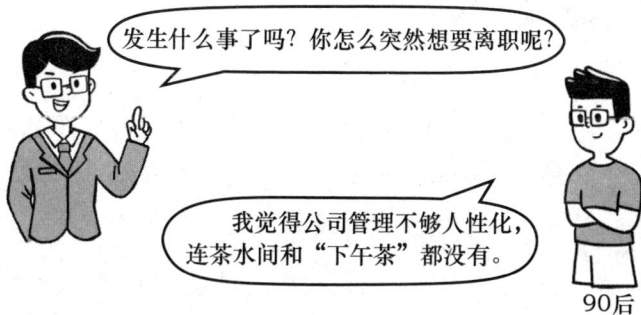

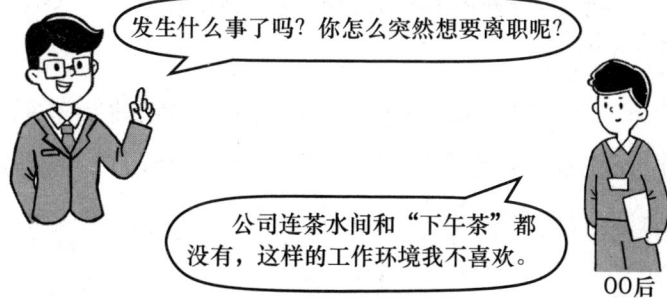

发生什么事了吗？你怎么突然想要离职呢？

我觉得公司管理不够人性化，连茶水间和"下午茶"都没有。

90后

发生什么事了吗？你怎么突然想要离职呢？

公司连茶水间和"下午茶"都没有，这样的工作环境我不喜欢。

00后

225

问题解析

新生代员工因为公司没有茶水间和"下午茶"而选择离职，这也十分契合他们的心理。茶水间和"下午茶"看似是小事，背后却反映了企业的文化。如果企业愿意为员工设置茶水间、提供下午茶，说明企业文化相对灵活轻松，关注员工的生理和心理需求。

管理对策

布置办公环境要着眼于小处

新生代员工不仅关注薪酬、晋升，也十分关注企业氛围和环境。新生代员工通常喜欢轻松、快乐的工作氛围。如果一家企业的薪酬很高，但环境很压抑，时间久了，他们也会选择离开。

从表面上看，新生代员工关注茶水间、活动中心等"硬环境"，实际上他们关注的是这些"硬环境"带来的轻松氛围和企业对他们的关怀。因此，管理者不仅要通过薪酬和晋升机制吸引新生代员工，还要做好"硬环境"的设计和布置。

新生代员工对"硬环境"的要求并不是豪华的装修、先进的办公设备等，而是能够让他们感到舒适、温暖、贴心的细节设计，他们会在这些细节里感受到企业对他们的关怀，进而更愿意留在这样的企业中。

空间环境：注重员工私人空间的规划。

例如，穿插设置不规则的功能区，可以营造轻松的工作氛围；工位区、会议室、活动区之间无法用隔墙进行实体分割时，可以摆放绿植进行必要的遮挡。

声音环境：尽量降低噪音对员工的影响。

例如，多使用降噪材质的墙壁、遮挡板。

绿化环境：尽量给予员工更多的绿色空间。

例如，在室内摆放绿色植物、建造户外茶水间、空中花园。

光线环境：打造明亮、轻快、温暖的光线氛围。

例如，办公室多使用黄色、蓝色等明亮的颜色，少使用灰色、黑色等暗沉的颜色。

实践指导

提高员工对办公环境满意度的 3 个建议

管理者可参考以下 3 个建议，提高员工对办公环境的满意度（如图 8-5 所示）。

给予员工布置办公环境的主导权。

例如，允许员工自行布置自己的办公区域。

配备运动、休息场所及足够的活动空间。

例如，在非办公区设置健身房、小型的咖啡厅等。

借助智能设备提升员工在办公室的体验。

例如，在办公室安装智能窗帘，员工不必起身即可开关窗帘。

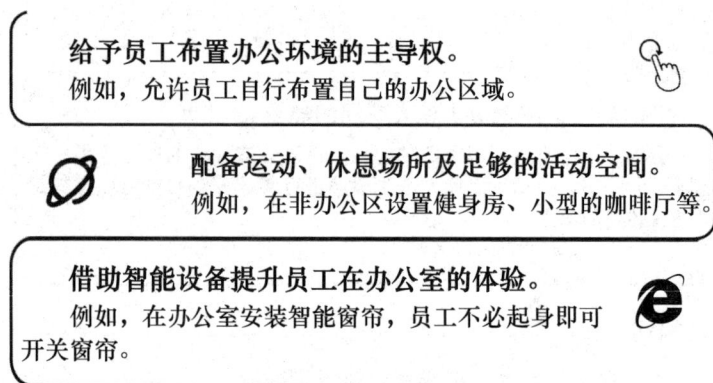

图 8-5　提高员工对办公环境满意度的 3 个建议

8.3.2　"软环境"留人

管理问题

员工抱怨开会、聚餐形式化

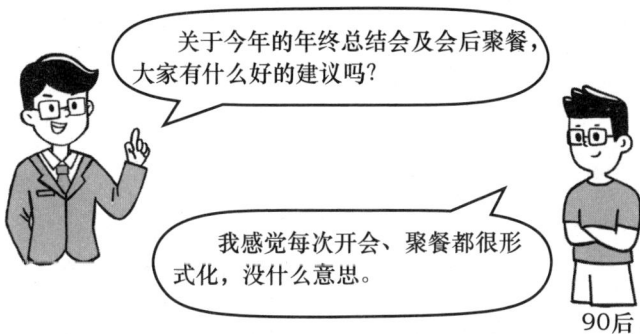

问题解析

新生代员工抱怨开会、聚餐形式化，没有什么效果，这背后的原因是企业文化没有凝聚力。真正让他们感到不满的不是会议、聚餐本身，而是企业文化令他们感到压抑。企业文化作为企业最重要的"软环境"，在凝聚人心方面发挥着非常重要的作用。如果企业文化不能得到新生代员工的认同，就很难留住人心。

管理对策

塑造与员工需求相契合的企业文化

被誉为"社会心理学之父"的库尔特·勒温曾提出"团队动力学"理论，他对团队成员之间各种力量相互依存和相互作用的关系进行了研究。他认为，团队不是简单的个体力量之和，而是大于个体之和的综合力量，这种强大的力量就是凝聚力。

打造凝聚力的关键是塑造与员工需求相契合的企业文化。新生代员工对企业文化有很高的要求，他们希望企业拥有自由、平等、开放、包容、创新的文化。

塑造与新生代员工需求相契合的企业文化，管理者要做到以下 3 点。

首先，尊重新生代员工的需求。即尊重新生代员工的兴趣爱好和生活方式，与他们平等相处、平等沟通。

其次，顺应新生代员工的需求。即满足新生代员工的合理需求，站在他们的立场上想问题，关注他们喜欢什么、关心什么、焦虑什么，等等。

最后，引导新生代员工的需求。即通过有效的策略、良好的沟通对新生代员工进行正向激励与引导，帮助他们在职场中健康成长。

塑造和谐的企业文化。

例如，管理者要多对员工微笑，多询问员工是否需要帮助。

塑造持续创新、灵活、有激情的企业文化。

例如，管理者要创新团队的工作流程、开展有趣的实践活动。

塑造以学习为导向、具有强烈社会责任感的企业文化。

例如，管理者可以开展员工培训，提升员工的工作技能；组织团队志愿活动等。

实践指导

塑造企业文化的 4 个步骤

塑造企业文化，管理者可参考以下 4 个步骤（如图 8-6 所示）。

第1步，深入调查研究，提炼核心理念。

企业文化的确立不能独立于生产经营活动之外单独进行，要进行深入细致的调查、研究、论证才能提炼出来，既要有理念的指导，又要有人为的设计。

01

第2步，修改旧制度，确立新制度。

一是对企业现有的制度进行分析，去除与核心理念不相适应的部分，并对照企业的核心理念进行修改。

二是明确新的管理制度、行为准则，规范员工的职业道德，养成良好的工作习惯。

02

第3步，营造视觉形象，设计实施方案。

包括设计员工服装、公司徽标、商标等；设计公司文化手册、制定媒体宣传方案、标语、广告等。除此之外，还要制定企业文化的具体实施方案，以便于有计划地组织落实、执行。

03

第4步，定期验证，不断完善。

根据企业发展的实际需要不断完善企业文化，形成定期分析、论证的制度。

04

图 8-6　塑造企业文化的 4 个步骤